El rey de los mendigos

y otros cuentos hebreos

Colección dirigida por

Francisco Antón

Peninnah Schram

El rey de los mendigos
y otros cuentos hebreos

Ilustraciones
Gianni De Conno

Traducción
Adolfo Muñoz

Actividades
Jesús Jiménez Reinaldo

Vicens Vives

Primera edición, 2010
Primera reimpresión, 2010

Depósito Legal: B. 43.383-2010
ISBN: 978-84-316-9980-2
Núm. de Orden V.V. CY15

Título original: *The Hungry Clothes and Other Jewish Folktales*

Esta edición se ha publicado por acuerdo con Sterling Publishing,
387 Park Avenue South, New York, NY 10016-8810, USA.

IMPRESO EN ESPAÑA
PRINTED IN SPAIN

Editorial VICENS VIVES. Avda. de Sarriá, 130. E-08017 Barcelona.
Impreso por Gráficas INSTAR, S.A.

índice

El rey de los mendigos
y otros cuentos hebreos

El grano de granada

Había una vez un zapatero que era muy pobre. Aunque se pasaba el día trabajando, muchas noches no tenía nada que darle de cenar a su familia, y sus pobres hijos se acostaban con el estómago vacío. A veces, cuando no había comida en la casa, sobre todo si era el *sabbat*,[1] el zapatero se sentía tan desgraciado que se retiraba en un rincón para llorar a escondidas.

Un día, el zapatero pasó junto a una panadería de la que salía un delicioso olor a pan recién hecho. Aunque no tenía ni una triste moneda en los bolsillos, el zapatero no podía apartarse de la tienda. Contemplaba los panes embobado, como si fueran piedras preciosas. «Voy a llevarme uno», pensó de pronto. «Mis hijos lo necesitan, y el panadero ni siquiera se dará cuenta de que le falta una hogaza.[2] Sí, me llevaré una, y vendré a pagarla en cuanto reúna unas cuantas monedas».

El zapatero, pues, agarró una hogaza con el mayor disimulo y se dispuso a metérsela bajo el abrigo. Pero, como no estaba acostumbrado a robar, el pan se le resbaló, y el panadero se dio cuenta de lo que estaba sucediendo. Enseguida empezó a gritar:

1 El *sabbat* es el séptimo día de la semana entre los judíos, y se corresponde con el sábado de los cristianos. Es un día sagrado, en el que el descanso es obligatorio, y los judíos se mudan de ropa y preparan comidas especiales.

2 **hogaza:** pan grande.

—¡Al ladrón, al ladrón!

Dos guardias del sultán,[3] que estaban haciendo su ronda por la calle, se presentaron de inmediato en la panadería. Arrestaron al zapatero, y lo encerraron en una celda muy húmeda por la que no entraba más que un poco de luz, procedente de una minúscula ventana enrejada. Al verse allí, el zapatero comprendió de pronto la locura que había cometido. «¡Cómo he podido ser tan tonto!», se dijo. «¡Ahora me ahorcarán por ladrón, y lo peor es la vergüenza que pasarán mi mujer y mis hijos cuando sepan lo que he hecho! ¡Si hubiera alguna forma de escapar...!»

De repente, el zapatero notó un golpe en la mejilla. Un caballo que pasaba por la calle le había dado una patada a una granada[4] que estaba en el suelo, y el fruto, tras pasar por la reja de la celda, se había estrellado contra la cara del zapatero. La granada estaba sucia y algo dañada, pero, a fin de cuentas, servía para comer. El zapatero la peló, arrancó uno de los granos, y ya estaba a punto de llevárselo a la boca cuando se le ocurrió una buena idea. De pronto, como si estuviera hablando solo, pero pronunciando las palabras en voz alta, empezó a decir:

—Si el sultán supiera mi secreto, seguro que me perdonaría la vida... ¡Ah, ojalá pudiese hablar con él y contarle mi maravilloso secreto! Seguro que se pondría muy alegre, y les diría a sus hombres: «¡Mil gracias por haberme traído a este zapatero! Os lo voy a agradecer con una magnífica recompensa».

---

3 **sultán:** en los países de religión musulmana, 'príncipe'.

4 La **granada** es un fruto redondo, cuyo interior está formado por infinidad de granos de color rojo, muy jugosos y de sabor dulce. Se trata de un alimento muy valorado por los judíos, y que se cita a menudo en sus libros sagrados como símbolo de la fertilidad y abundancia del reino de Israel.

Cuando los guardias oyeron aquello, empezaron a decirse unos a otros:

—¿Por qué no llevamos al zapatero ante el sultán para que le cuente su secreto?

—¿Y si el sultán se enfada con nosotros?

—¿Por qué se va a enfadar? Si le interesa el secreto, seguro que nos recompensa con unas cuantas monedas de oro y, si no le interesa, ahorcará al zapatero como está previsto.

Los guardianes, pues, llevaron al zapatero ante su señor. En cuanto el prisionero llegó ante el trono, el sultán le dijo:

—¿Es verdad que guardas un secreto maravilloso?

—Sí, señor.

—¿Y de qué se trata?

—De un regalo que me hizo mi padre. Él lo heredó de mi abuelo, y mi abuelo lo recibió de mi tatarabuelo. Se trata de este

grano de granada. Parece poca cosa, sí, pero es tan milagroso que, si uno lo planta al anochecer, a la mañana siguiente ya tiene en su jardín un granado crecido y cargado de frutos. Y lo más asombroso es que cada una de las granadas que dé el árbol tendrá exactamente seiscientos trece granos, todos ellos tan prodigiosos como éste que os estoy enseñando.

—Seiscientos trece, como los mandamientos de Dios...[5] —observó el sultán, cada vez más interesado por lo que el zapatero le decía.

—Así es.

—Te diré lo que vamos a hacer. Ahora volverás a tu celda, y al atardecer nos encontraremos en los jardines de mi palacio. Plantaremos el grano y, si mañana por la mañana se ha convertido en un árbol cargado de frutos, te dejaré en libertad y podrás volver a tu casa. Pero no tengas duda de que, si me has mentido, mandaré que te ahorquen en los mismos jardines.

—Me parece muy bien —dijo el zapatero con una sonrisa—. Mil gracias, Majestad, por escucharme.

Los guardias se llevaron al zapatero al calabozo, pero al atardecer volvieron por él y lo condujeron hasta los reales jardines. Cerca de una fuente, en un rincón resguardado donde olía a jazmín y hierbabuena, un jardinero había cavado un hoyo de dos palmos de profundidad para sembrar el grano de granada. A unos diez pasos de distancia, dos hombres preparaban la horca, por si era necesario utilizarla...

---

5 Los judíos obedecen, en efecto, seiscientos trece mandamientos que fueron comunicados por Dios a Moisés en el monte Sinaí. Tales mandatos están recogidos en la *Toráh*, el principal libro sagrado de los judíos, que se corresponde con los cinco primeros libros de la Biblia.

Enseguida apareció el sultán, acompañado por sus ministros, y le hizo una señal al zapatero para que plantara la semilla. El zapatero se agachó ante el hoyo, pero, cuando parecía a punto de arrojar el grano, levantó la cabeza y dijo:

—¡Oh, sultán!, mi padre me advirtió que, para que el granado crezca durante la noche y dé fruto por la mañana, es preciso que sea plantado por un hombre honrado. Si el que lo planta ha robado algo alguna vez en su vida, el granado no crecerá. Hasta ayer mismo yo habría podido plantarlo, pero hoy ya no, pues he robado una hogaza de pan para dar de comer a mis pobres hijos, que están muertos de hambre...

Nada más decir esto, el zapatero se volvió hacia el gran visir[6] y añadió:

—Vos, en cambio, que sois el hombre de confianza del sultán, sí que podéis plantar la semilla. La gente os tiene por la persona más honrada del reino...

El visir permaneció callado unos instantes, y luego dijo en voz muy baja:

—Eeeh... No soy digno de plantar ese grano, pues una vez, hace años, me apropié de un consejo que alguien me dio para el sultán, y lo hice pasar por mío. Gracias a ese consejo, me ascendieron y obtuve una recompensa por mis servicios. Por tanto, no puedo decir que sea un hombre completamente honrado...

Entonces, el zapatero se volvió hacia el tesorero real y le tendió el grano de granada.

—Vos sois el hombre más leal y respetable del reino —le dijo—. El sultán os confía su fortuna. Sin duda sois una persona

6 **gran visir**: primer ministro.

honrada. Hacednos, pues, el honor de plantar la semilla para que mañana podamos probar las granadas del árbol…

El tesorero inclinó la cabeza y susurró:

—Por desgracia, creo que yo tampoco puedo plantar la semilla. Hace algún tiempo, el sultán me ordenó que le diera a un buen hombre una espléndida recompensa que se merecía, pero me guardé una parte del dinero para mí sin decírselo a nadie.

El zapatero se dirigió entonces al sultán.

—¡Oh, sultán! —le dijo—, no hay duda de que Su Majestad es el hombre más honrado del reino. Tomad esta semilla y plantadla con vuestras manos. De esa forma, las granadas que nazcan del árbol estarán cargadas de bendiciones.

El sultán bajó la mirada y susurró:

—Por desgracia, creo que yo tampoco puedo plantar la semilla. Más de una vez he declarado la guerra a otros pueblos sin más propósito que enriquecerme…

—¡Oh sultán! —dijo entonces el zapatero—, vos y vuestros ministros habéis alcanzado un alto grado de riqueza y poder, pero, aun así, no sois lo bastante honrados para plantar este grano de granada. ¿Qué hay, pues, de horrible en que un pobre zapatero como yo, que no tiene un triste mendrugo que llevarse a la boca, robara una hogaza de pan para sus pobres hijos? Cierto es que robar está mal, pero debéis entender mi situación…

De pronto, el sultán soltó una gran carcajada y exclamó:

—¡Eres un hombre inteligente, zapatero, y nos has enseñado a todos una lección muy importante! Te prometo que ni tú ni los tuyos volveréis a pasar hambre nunca más. No sólo le pagaré al panadero por la hogaza de pan que robaste, sino que te devolveré la libertad y te dejaré marchar a tu casa con una buena recompensa. Mi tesorero te la entregará, y estoy seguro de que esta vez no se guardará para sí ni una sola moneda.

El zapatero volvió a casa muy contento, montado en un carruaje del sultán. Y, nada más llegar, apareció el tesorero, quien le entregó tres cosas: un cofrecillo lleno de monedas de oro, un documento en el que el sultán le nombraba zapatero real y una cesta enorme llena de vistosas granadas.

La copa sin copita

Hershele de Ostropol era un pícaro de cuidado.[1] Siempre se las ingeniaba para comer de balde[2] y para sacarles dinero a sus amigos. A los tacaños que le negaban una moneda, Hershele siempre les daba una buena lección. Pero no creáis que recurría a la violencia, ¡por supuesto que no! Hershele se limitaba a utilizar su astucia para demostrar a la gente que, en esta vida, hay que ser generoso con los que menos tienen.

Un día, Hershele se acercó a la tienda de un tal Yankel y le preguntó:

—Oye, Yankel, ¿podrías darme algo de dinero para comer?

—¡Ni lo pienses! —dijo el tendero, y le cerró a Hershele la puerta en las narices.

El pícaro pensó: «Este Yankel se merece una buena lección». Así que, durante el resto del día, mientras vagaba por la ciudad, Hershele se dedicó a tramar un plan. Al anochecer, ya lo tenía

1 Hershele de Ostropol es un personaje humorístico que aparece en algunos cuentos populares hebreos. Aunque las anécdotas que protagoniza son ficticias, su figura está inspirada en un individuo histórico que vivió en la ciudad ucraniana de Ostropol hacia principios del siglo XIX, y que trabajó como bufón para un destacado rabino. En la literatura, Hershele es retratado como un pícaro, esto es, como un hombre pobre y astuto que se las ingenia para vivir sin trabajar y que disfruta tomándoles el pelo a los ricos y los arrogantes.

2 **de balde**: gratis.

preparado. Entonces, llamó de nuevo a la puerta de Yankel. Cuando el tendero abrió y vio al pícaro, le dijo con cara de muy pocos amigos:

—¿Otra vez por aquí, Hershele? Vete ahora mismo, porque no pienso darte nada.

Yankel empujó la puerta para cerrarla, pero Hershele metió el pie a tiempo para impedirlo.

—¡No te preocupes, que esta vez no vengo a pedirte dinero! —aclaró el pícaro—. Sólo quiero que me prestes un cucharón de plata para el *sabbat*. Te prometo que te lo devolveré en cuanto lo haya utilizado.

—¿Me das tu palabra?

—Te doy mi palabra.

Yankel sabía que, cuando uno da su palabra, no puede incumplirla, así que se vio en la obligación de prestarle el cucharón a Hershele.

—Está bien —dijo Yankel, casi a regañadientes—. Te prestaré un cucharón, pero sólo por dos días. ¡En cuanto pase el *sabbat*, tendrás que devolvérmelo!

Hershele se llevó el cucharón y, al día siguiente por la mañana, se presentó en el taller de un platero,[3] a quien le dijo:

—¿Podrías hacerme una réplica[4] de este cucharón, pero en un tamaño inferior?

El platero miró a Hershele con desconfianza y dijo:

—¡Ay Hershele, todo el mundo sabe que eres un pillo! ¿Cómo puedo estar seguro de que me vas a pagar por mi trabajo?

---

3 **platero:** artesano que fabrica objetos de plata.

4 **réplica:** copia, imitación.

—Confía en mí —respondió Hershele—. Es verdad que ahora mismo no tengo dinero, pero te prometo solemnemente que, en el plazo de tres semanas, te pagaré por tu trabajo.

El platero aceptó, y aquella misma tarde empezó a trabajar en la réplica que le había pedido Hershele.

Llegó el *sabbat*, y, al día siguiente, Hershele fue a casa de Yankel. Cuando el tendero abrió la puerta, Hershele le devolvió el cucharón y le entregó además la pequeña réplica de plata. Yankel se quedó de lo más sorprendido al ver la cucharilla, y le preguntó:

—¿Esto qué es? Yo sólo te dejé el cucharón…

—¡No sabes lo afortunado que eres, Yankel! El cucharón ha dado a luz una cucharilla, y como yo soy un hombre honrado, te he traído a la hija que ha tenido.

Yankel sonrió de buena gana. Estaba encantado de poder añadir una nueva cucharilla a su cubertería de plata.

Pasaron algunos días, y Hershele volvió a casa de Yankel. Esta vez, el tendero se mostró algo más amable.

—¿Qué puedo hacer por ti, Hershele? —dijo con una cortesía que no era habitual en él.

—Oye, Yankel, ¿me podrías prestar un candelabro? —le preguntó Hershele—. Sólo lo quiero para este *sabbat*, y prometo devolvértelo sin falta al día siguiente.

Yankel, que recordó lo que había sucedido con el cucharón, no dudó en prestarle a Hershele un hermoso candelero[5] de plata, cincelado[6] con muchos adornos.

---

5 **candelero**: utensilio en que se coloca una vela para que quede en pie.
6 **cincelado**: que tiene dibujos grabados, en este caso en el metal.

Hershele hizo lo mismo que la otra vez: le encargó al platero un candelero pequeñito y, una vez pasado el *sabbat*, volvió a casa de Yankel para devolverle el candelero junto con la pequeña réplica.

—¡Enhorabuena, Yankel! —dijo el pícaro con una sonrisa—, esta noche tu candelero ha dado a luz un hijito chiquitín.

Al viernes siguiente, Hershele volvió a casa de Yankel, y esta vez el tendero lo saludó con más alegría que nunca.

—*Shalom Aleikhem* —le dijo, lo que en hebreo quiere decir: 'la paz sea contigo'—. ¿Qué puedo prestarte esta vez?

Hershele pidió una copa, y Yankel no dudó en prestarle la más valiosa de las que tenía. Después de todo, ya le había quedado claro que Hershele era un hombre de fiar. La copa que Yankel le prestó estaba labrada en oro,[7] y adornada con magníficos rubíes.[8] «Será estupendo que esta copa tan cara dé a luz a una copita», pensó Yankel, y sus ojos brillaron de codicia.

Hershele se llevó la copa, pero, al día siguiente del *sabbat*, no apareció por la tienda de Yankel. El tendero esperó hasta la noche, pero fue en vano. Estaba tan impaciente que ni siquiera pudo dormir. «A lo mejor Hershele viene mañana», se decía para tranquilizarse. «A fin de cuentas, no pasa nada por un pequeño retraso». Sin embargo, Hershele no apareció al día siguiente, ni al otro. Al cuarto día, Yankel, que ya estaba muy escamado,[9] se presentó en casa de Hershele hecho una furia.

—¡Hershele, Hershele, ábreme! —empezó a gritar, mientras daba fuertes golpes en la puerta.

---

7 Es decir, 'hecha de oro'.

8 **rubí**: piedra preciosa de color rojo que tiene un brillo muy intenso.

9 **escamado**: lleno de desconfianza.

El pícaro no respondía. Yankel seguía llamando, porque veía luz dentro de la casa, pero Hershele no salía a abrir. Al fin, tras una larga espera, el pícaro abrió la puerta, pero sólo lo suficiente para asomar la cabeza.

—¿Quién eres? —dijo con voz muy triste—. ¿Qué es lo que deseas?

—¡Soy yo, Yankel! ¡Quiero que me devuelvas la copa de oro que te presté! ¡Eso es lo que quiero!

—Por desgracia, Yankel, ha sucedido algo terrible —replicó Hershele—. Me cuesta contarte lo que ha pasado, pero tienes derecho a saberlo...

—Dímelo de una vez.

—Verás —dijo Hershele con voz muy apenada—, tu hermosa copa de oro ha fallecido.

—¿Queééé? —exclamó Yankel—. ¡Eso es imposible! ¿Cómo va a morirse una copa de oro?

—¿De qué te extrañas, Yankel? —dijo el pícaro con gran desparpajo—.[10] Si te parece normal que un cucharón y un candelero tengan hijos, ¿por qué te niegas a creer que una copa ha muerto?

Dicho esto, Hershele cerró la puerta y se rió a carcajadas hasta que le dolió la barriga.

Dicen que, desde entonces, Yankel conserva su cucharilla de plata y el pequeño candelero al lado de la puerta, para no olvidarse nunca de la lección que le dio el pícaro Hershele. Y cada vez que un mendigo se acerca a su tienda a pedir limosna, Yankel le da de todo corazón una generosa cantidad de monedas.

10 **desparpajo**: soltura, descaro.

El viento y la harina

Hace ya muchos siglos, vivió en el reino de Israel una mujer muy piadosa que se llamaba Rebeca. Cada mañana amasaba y cocía cuatro hogazas de pan idénticas. Tres se las daba a los mendigos que acudían a diario a la puerta de su casa, y la cuarta la reservaba para alimentar a su propia familia. Rebeca no faltaba jamás, por nada del mundo, a aquella generosa costumbre.

Un día, cuando Rebeca acababa de repartir las tres hogazas de los pobres, se presentó a las puertas de su casa un cuarto mendigo y le dijo:

—Tengo hambre. ¿Podrías darme algo de comer?

El mendigo parecía tan hambriento que Rebeca se dejó llevar por la compasión. Sin dudarlo un instante, tomó el pan que guardaba para su familia y se lo entregó al mendigo. El hombre se mostró de lo más agradecido, y se marchó, feliz como un niño, mordisqueando la hogaza.

Rebeca decidió entonces cocer un quinto pan para que sus hijos no se quedaran sin comer. Pero, cuando metió la mano en la tinaja de la harina, descubrió que estaba vacía. «Tendré que ir al molino a por más», se dijo. Echó, pues, en un saco un poco de trigo y se fue al molino, que estaba a orillas del mar.

Cuando acabó de moler el trigo, el cielo se había llenado de oscuros nubarrones que anunciaban tormenta. De pronto, el

viento empezó a soplar muy fuerte y le arrancó a Rebeca el saco que llevaba en la mano. La mujer echó a correr para que no se le escapase, pero, por más que se esforzó, no logró alcanzarlo. El saco voló mar adentro, y Rebeca, disgustada con su mala suerte, exclamó en voz bien alta:

—¿Qué he hecho yo para merecer esta injusticia? ¿Con qué voy a alimentar ahora a mi familia?

Pero el viento, insensible a todo dolor, se llevó sus palabras.

Justo entonces, empezó a llover, y en el rostro de Rebeca las gotas de lluvia se mezclaron con las lágrimas. Le habría gustado tener alguien al lado para contarle su pena, pero estaba sola en la playa. Desalentada y confusa, se apretó el manto al cuello, y tomó el camino de regreso con las manos vacías.

Le faltaba muy poco para llegar a casa cuando, de pronto, dio media vuelta. Había decidido ir al palacio del rey. En aquellos días, reinaba en Israel el rey Salomón, que era famoso por la sabiduría con que aplicaba justicia, incluso en los casos más difíciles.[1] Cuando Rebeca llegó a la puerta del palacio, los guardias fueron a cerrarle el paso, pero la vieron tan decidida que la dejaron entrar. Salomón la recibió de inmediato y le preguntó en qué podía ayudarla.

—¡Vengo a denunciar al viento! —dijo ella.

El rey Salomón se quedó de lo más desconcertado.

—¿Al viento? —dijo—. ¿Y qué maldad te ha hecho el viento para que estés tan enfadada con él?

Rebeca le contó al rey todo lo que le había ocurrido aquella mañana, desde el momento en que había entregado a un mendigo la hogaza de pan que reservaba para su familia. Cuando acabó de explicar su historia, Salomón fue a decir algo, pero un gran alboroto lo interrumpió. Diez hombres acababan de entrar en el salón, cada uno cargado con un saco enorme.

—¿A qué venís? —les preguntó Salomón—. ¿Qué traéis en esos sacos tan grandes?

—Estos sacos están llenos de monedas de oro —aclaró uno de los hombres—, y queremos entregárselos a la persona que nos ha salvado la vida.

---

1 Salomón reinó en Israel en el siglo x a. C. Poeta a la vez que rey, ostentó un enorme poder militar y le dio a su patria un largo período de paz, esplendor y riqueza. Salomón es un personaje muy popular en el folclore hebreo, donde aparece siempre como un hombre sabio y un juez justo, capaz de dictar en todos los casos la sentencia más idónea e inspirada. En algunos cuentos se asegura que dominaba a los demonios y conocía el lenguaje de los pájaros.

—¿Y quién es la persona que os ha salvado la vida?

—Por desgracia, no lo sabemos. Esperamos encontrarla, pero, si no damos con ella, donaremos todo nuestro oro a los pobres de este reino.

—Hay algo que no entiendo —admitió el rey Salomón, muy intrigado—. ¿Cómo puede ser que no sepáis quién os ha salvado la vida?

Entonces, un segundo hombre tomó la palabra.

—Hace un rato —dijo—, íbamos navegando por el mar. Ya se veía el puerto en el horizonte cuando, de repente, se ha abierto una gran brecha[2] en el casco de nuestro barco. El agua ha entrado a bordo con tanta fuerza que el barco ha empezado a hundirse. Os aseguro, Majestad, que ha faltado muy poco para que naufragáramos.

—Sin embargo —continuó un tercer hombre—, algo ha llegado de pronto desde el aire y ha taponado la brecha por la que entraba el agua al barco. Se trata de este saco que traemos aquí.

—Por lo visto —explicó un cuarto hombre—, el saco contenía algo de harina, y, cuando la harina se ha empapado de agua, se ha convertido en una dura argamasa[3] que ha taponado el agujero del casco. La persona que lanzó este saco al aire nos ha salvado la vida, y es justo que se lo agradezcamos.

El rey Salomón examinó el saco que traían los hombres. Al desplegarlo, vio que tenía bordado un nombre junto a una de las costuras: «Rebeca». Entonces, Salomón rió de buena gana. Mirando a la mujer que quería denunciar al viento, le dijo:

2 **brecha**: rotura, abertura.

3 **argamasa**: especie de masa que, al secarse, se pone dura como el cemento.

—¿Reconoces este saco?

—Sí —respondió Rebeca.

—Pues, si este saco es tuyo, también lo será el oro que traen estos hombres tan agradecidos. Te lo mereces por tu bondad. Ya ves: tu saco de harina ha salvado diez vidas. Dime ahora si sería justo castigar al viento…

Rebeca sonrió, sin saber qué decir, y entonces el rey concluyó:

—Ahora ya has descubierto, Rebeca, que Dios siempre premia a la persona generosa, aunque a veces elija el camino más largo y asombroso para hacerlo.

Salomón bendijo a Rebeca, le entregó los sacos de oro, y ella se volvió a casa admirada por la valiosa lección que acababa de aprender.

El precio de un aroma

Tiempo atrás, existía en Marrakech[1] un barrio en el que sólo habitaban judíos. Era la *mellah*, una zona amurallada muy próxima al palacio del rey de Marruecos, quien se encargaba de proteger a las gentes del barrio. Durante el día, los judíos podían salir libremente de la *mellah* para comprar, hacer negocios o visitar a familiares y amigos. En cambio, cuando llegaba la noche, las puertas del barrio se cerraban, y ya nadie podía acceder a su interior ni abandonarlo. Unos guardias vigilaban las murallas hasta que salía el sol para guardar de todo mal a los habitantes de la *mellah*.

En aquel barrio vivía un niño pobre llamado Aarón. Todos los días al salir de la escuela, Aarón abandonaba la *mellah* y daba una vuelta por la ciudad. Cuando pasaba por la puerta del barrio, siempre tocaba el arco pintado de verde y mencionaba el nombre del rabino Mordechai Ben Attar.[2] En realidad, no sabía

---

1 Marrakech es una de las ciudades más importantes de Marruecos.

2 Los judíos llaman **rabino** al sabio que enseña los textos sagrados y orienta a la comunidad en cuestiones espirituales. En concreto, el rabino Mordechai Ben Attar vivió en el siglo XVIII. Además de ser un hombre sabio que daba siempre buenos consejos, se le atribuyeron varios milagros. Se dice que su bastón está enterrado bajo el muro de la *mellah* de Marrakech, junto a la puerta de entrada al barrio, así que la gente que pasa por el lugar suele tocar la puerta y mencionar el nombre del rabino para atraerse su protección.

por qué lo hacía: se limitaba a seguir una costumbre que había observado en sus padres. A continuación, Aarón bajaba por su calle favorita de Marrakech, una calle llena de panaderías donde se vendían todo tipo de dulces y pastelillos que no se veían jamás en las pobres tiendas de la *mellah*. Cada vez que se acercaba a una panadería, a Aarón se le iban los ojos tras los panes recién horneados, los pastelillos de canela y las galletitas de coco. «¡Qué lastima no tener dinero!», se lamentaba. Como nunca llevaba encima más de dos o tres dírhams,[3] no podía comprar nada, ni siquiera un pequeño panecillo. Aarón se conformaba, pues, con situarse frente a la panadería y olisquear el delicioso aroma que salía de la tienda. Entonces, la boca se le hacía agua, y su estómago se quejaba tímidamente. Y al final, claro, Aarón se volvía a casa en ayunas.[4]

Un día, mientras Aarón husmeaba el aroma del pan, salió de la panadería un hombre con cara de pocos amigos. Era el panadero. Estaba de lo más irritado, y le dijo a Aarón:

—¡Niño, lárgate de aquí, que me estás robando!

—¡Pero si no he tocado nada! —se defendió Aarón—. ¡Lo único que hago es oler!

—¡Por eso mismo! ¡Te estás llevando el aroma de mis pastas! ¡Con todo lo que has olisqueado, me debes un dineral, así que tendrás que pagarme ahora mismo!

—¡Pero, señor, yo no tengo dinero…!

—¡Eres un granuja! —replicó el panadero—. Ahora mismo voy a llevarte ante el *hakham* para que te obligue a pagar.

---

3 **dírham:** moneda usada en varios países árabes.

4 **en ayunas:** sin haber comido nada.

Los judíos de Marruecos llamaban *hakham* al rabino que ejercía de juez cuando había un problema. El panadero, pues, llevó a Aarón ante el *hakham* y, en cuanto lo tuvo delante, le contó con genio muy vivo la razón de su visita.

—¡Este chiquillo lleva días robándome el olor de mis pastas! —explicó—. ¡Aspira con tanta fuerza que les roba todo el aroma! ¡Exijo que me pague por todo lo que me ha robado!

El *hakham* miró a Aarón y le preguntó:

—¿Tienes algo que decir en tu defensa?

Aarón temblaba de miedo. Era la primera vez que se veía en un juicio. Siempre había sido muy buen chico, tal y como le habían enseñado sus padres. Comprendió, en todo caso, que tenía que defenderse por sí mismo y, antes de hablar, levantó las manos mirando al cielo y le pidió al rabino Mordechai Ben Attar que le ayudara a encontrar las palabras adecuadas.

—Lo que el panadero dice es verdad —reconoció Aarón—. Todos los días me paso un rato delante de su tienda, aspirando el aroma de los panes y las pastas. Me encantaría comprarle algo, pero, como no tengo dinero, me conformo con oler.

—¿No tienes dinero? —dijo el *hakham*.

—Nada más que tres dírhams —puntualizó Aarón.

De repente, el *hakham* rompió a reír. Sacó una pequeña bolsa de terciopelo y le dijo a Aarón:

—Mete tus tres dírhams en esta bolsa, y luego agítala.

El chico hizo lo que el *hakham* le pedía. Sus manos temblaban tanto a causa del miedo que no tuvo que esforzarse mucho para agitar la bolsa. En el interior, las tres pequeñas monedas tintinearon como un cascabel. Entonces el *hakham* le dijo al panadero:

—Supongo que ya estás satisfecho.

El panadero se quedó de lo más sorprendido.

—¿Que ya estoy satisfecho? —exclamó—. ¡Pero si el muchacho no me ha pagado lo que me debe!

El *hakham* volvió a reír y respondió:

—¿Es que no has oído cómo tintineaban los tres dírhams? El sonido de las monedas es el precio justo por el aroma de tus pastas. El sentido del oído a cambio del sentido del olfato. ¡No dirás que es una sentencia *sin sentido*…!

Y con este juego de palabras, el *hakham* dio por cerrado el caso.

Lecciones del sabio feo

El rabino Joshua no era un hombre guapo.[1] Claro que eso importaba poco, porque tenía otras muchas cualidades. Ante todo, Joshua era un gran sabio y un excelente profesor. Cuando tenía que darle una lección a alguien, sus palabras se clavaban como flechas en el corazón de quien lo oía.

Un día, la hija del emperador Adriano[2] se quedó mirando al rabino Joshua y exclamó:

—¡Qué lástima que tanta sabiduría esté encerrada en un recipiente tan feo!

Cualquier otro habría respondido con una burla o un insulto, pero el rabino Joshua no era así. En lugar de defenderse atacando, le preguntó a la hija del emperador:

—Vuestro padre tiene una bodega enorme, ¿verdad? ¿Sabéis en qué tipo de recipientes guarda el vino?

---

1 El rabino Joshua Ben Hananya fue un personaje histórico que vivió entre los siglos I y II. Era un hombre extraordinariamente sabio, experto en la interpretación de la *Toráh*, y divulgaba sus conocimientos de forma oral, por medio de la conversación con los creyentes.

2 Adriano fue emperador de Roma entre 117 y 138, período en que Israel, la patria de los hebreos, era una provincia del imperio romano. Como es frecuente en los cuentos tradicionales, la presente historia mezcla lo histórico con lo ficticio. Así, se le atribuye al emperador Adriano una hija que, por lo que sabemos, nunca tuvo.

—En tinajas de barro, por supuesto.

—Pero el vulgo[3] también guarda el vino en tinajas de barro… Dada vuestra importancia, deberíais almacenar el vino en recipientes hechos de un material más noble, como el oro o la plata.

La muchacha pensó que el rabino tenía razón, así que fue a hablar con su padre y le propuso que guardara los vinos en recipientes de oro y plata. El emperador, que tenía cosas más importantes en qué pensar, le contestó que así lo haría, pues nunca le negaba nada a su hija. Todo el vino de la bodega, pues, fue guardado en vasijas de oro y plata.

Al poco tiempo, el vino se avinagró.[4] Entonces, el emperador fue en busca de su hija y le preguntó:

---

3 **vulgo**: gente del pueblo, gente de clase baja.

4 **avinagrarse**: ponerse agrio, echarse a perder.

—¿Quién te aconsejó guardar el vino en recipientes de oro y plata?

—El rabino Joshua.

Adriano mandó llamar de inmediato al rabino y, en cuanto lo vio aparecer, le dijo:

—¿Por qué le aconsejaste a mi hija que guardáramos el vino en recipientes de oro y plata? Según parece, el vino sólo se conserva bien en recipientes de barro…

—Así es —respondió el rabino, que añadió mirando a la hija del emperador—: El buen vino suele guardarse en los recipientes más modestos. Del mismo modo, el cuerpo de un hombre feo puede albergar a un gran sabio. Ahora ya lo sabéis.

Fue un buen día para la hija del emperador, porque, con una sola frase, aprendió dos buenas lecciones.

Otro día, el rabino Joshua paseaba con un amigo. Iban hablando de los temas más diversos, y el rabino demostraba una gran sabiduría en todo lo que decía. Su amigo, admirado, exclamó:

—¡Qué suerte tengo de contar con tu amistad, rabino Joshua! Si no existieran sabios como tú, ¿de quién íbamos a aprender las grandes verdades de la vida?

—Cualquiera puede enseñarnos lecciones valiosas. De los niños, por ejemplo, podemos aprender muchas cosas, siempre que les prestemos la debida atención.

—¿De los niños?

—¡Desde luego que sí! La semana pasada, sin ir más lejos, una niña me dio dos grandes lecciones. Yo iba de viaje, y llegué a un punto donde se cruzaban dos caminos. Como no sabía cuál

tomar, me acerqué a una niña que recogía flores al margen del camino.

»—Buenos días, pequeña —le dije—. Me parece que me he perdido. ¿Sabes cuál de estos dos caminos lleva a la ciudad?

»—Puede ir por cualquiera de los dos —me respondió la niña—, aunque son caminos muy distintos.

—¿Y en qué se diferencian?

—El de la derecha es largo pero corto, mientras que el de la izquierda es corto pero largo.

»No lo dudé: elegí el segundo camino, el que era "corto pero largo". Eché, pues, a andar, y al principio todo fue bien. La ciudad parecía muy próxima, y me alegraba pensar que enseguida llegaría a mi destino. Sin embargo, en cierto momento el camino quedó interrumpido por un barranco. Al otro lado se veía la ciudad, y estaba en verdad muy cerca, pero el barranco era muy profundo, y habría sido una locura bajar por él. Enseguida comprendí que lo más sensato era darse media vuelta, y eso fue lo que hice. Cuando llegué de nuevo al cruce, la niña seguía allí.

»—¿Por qué me dijiste que el camino de la izquierda era corto? —le pregunté.

»A la niña le entró la risa.

»—Ya os avisé de que era un camino corto pero largo. Es corto porque, por ese lado, la ciudad queda muy cerca, pero es largo porque, al ver la profundidad del barranco, habéis preferido volver atrás. Está claro que os convenía más seguir el camino de la derecha: es largo, pero no encontraréis en él ningún obstáculo.

»Cuando estaba a punto de irme, vi que la niña llevaba una cesta tapada con un paño, y le pregunté:

»—¿Qué llevas en la cesta?

»La niña se volvió y me respondió con rotundidad:

»—La cesta va tapada, señor, para que los demás no vean lo que no quiero que vean…

»Y, diciendo esto, la niña se marchó, con la cesta colgada del brazo, en dirección a su casa.

»Ya ves, amigo mío, que de aquella niña aprendí dos buenas lecciones. La primera es que, cuando uno pregunta algo, conviene escuchar con atención lo que le responden. Y la segunda es que hay cosas que no se deben preguntar.

El rey de los mendigos

Tiempo atrás, reinó en Marruecos un hombre justo y de gran corazón al que le encantaba ayudar a la gente. A menudo salía a pasear por la calle y les preguntaba a sus súbditos[1] por sus preocupaciones y necesidades. Siempre le respondían lo mismo:

—Todo está bien.

El rey acabó por comprender que la gente no era sincera: se limitaban a decirle que todo iba bien para que no se incomodara ni se enfadase… Desde entonces, se acostumbró a salir de palacio disfrazado. Así, sin que nadie supiera quién era, el rey podía conversar con las gentes de una forma natural, y conocer de primera mano cuáles eran sus auténticas necesidades.

Una tarde, el rey se disfrazó de mendigo y salió a pasear por la ciudad. En cierta calle, oyó que alguien cantaba con voz muy alegre al son de un laúd.[2] El rey se dirigió a la casa de donde salía la música y llamó a la puerta. Al instante, la voz dejó de cantar, y un joven salió a abrir. El rey le preguntó:

—¿Es bienvenido un pobre en este hogar?

—Claro que sí —respondió el joven, ignorante de quién era en realidad aquel miserable mendigo—. Pasa y te daré de cenar.

1 **súbdito**: cualquier persona que vive en un reino, sometida a su rey.
2 **laúd:** instrumento musical parecido a una guitarra que se utiliza mucho en el norte de África.

El rey pasó y se sentó a la mesa. El joven, que se llamaba David, bendijo el pan, y ambos comenzaron a cenar. Tras los postres, David volvió a cantar y a tocar el laúd.

—Cantas muy bien —le dijo el rey—. ¿Te ganas la vida con la música?

—¡Qué va! Soy zapatero remendón.[3] Durante el día, arreglo el calzado de la gente, pero, en cuanto he ganado lo bastante para comer, dejo de trabajar, voy al mercado, compro algo de comida y me vuelvo a casa.

—¿Y el día de mañana? ¿No te preocupa no tener nada que comer mañana? —preguntó el rey.

3 **zapatero remendón**: zapatero que arregla zapatos, pero no los fabrica.

—Mañana Dios proveerá.[4]

—¿Y si enfermas?

—Dios proveerá —repitió David.

—En fin, es hora de irme —anunció el falso mendigo—. Dime, ¿puedo volver mañana a esta casa?

—Claro que sí. Un buen huésped[5] siempre es bienvenido, y más si necesita que lo ayuden.

De camino a su palacio, el rey pensaba: «No hay duda de que David es un buen creyente. Pero ¿hasta dónde llegará su fe?». Entonces, decidió poner a prueba a David para averiguarlo. A la mañana siguiente, pues, promulgó[6] una ley que prohibía trabajar a los zapateros remendones, salvo si contaban con un permiso especial. Cuando David vio que no podía ganarse el pan arreglando zapatos, decidió dedicarse a sacar agua de los pozos. Había muchos ancianos que no podían hacerlo por sí mismos, así que David los ayudaba y ellos le pagaban con alguna moneda. De ese modo, David reunió el dinero suficiente para pagarse la comida del día.

Por la noche, el rey volvió a disfrazarse de mendigo y regresó a la casa de David. Cuando vio la mesa llena de comida, se sorprendió mucho. Acabada la cena, David volvió a cantar al son de su laúd. El rey lo escuchó con atención y luego le preguntó:

—¿Qué tal te ha ido el día?

—Hoy no he podido arreglar zapatos —respondió David—, debido a una ley muy extraña que ha dictado el rey. Necesitaba un permiso especial para trabajar, y no lo tengo...

---

4 O sea, 'Dios me facilitará alimentos', 'Dios me dará medios para sobrevivir'.

5 **huésped**: invitado.

6 **promulgar**: publicar de forma solemne.

—¿Y cómo has conseguido entonces la comida?

—Sacando agua del pozo para la gente.

—¡Qué gran idea! Pero ¿qué pasará si el rey prohíbe que la gente cobre por sacar agua del pozo?

—En ese caso, Dios proveerá —contestó David.

Aquella misma noche, al volver a su palacio, el rey prohibió que se cobrara a la gente por sacar agua del pozo. David se dedicó entonces a cortar leña y venderla. Entonces, el rey dispuso que todos los leñadores debían acudir a palacio para servir como guardias reales. David, siempre obediente, acudió al palacio, se puso el uniforme, se colgó la espada al cinto y comenzó a hacer guardia en una puerta, tal y como le ordenaron. Al acabar la jornada, fue a cobrar su paga, y entonces se llevó una buena decepción.

—Los guardias no cobran a diario —le dijeron—, sino semanalmente. No tendrás tu sueldo hasta que no termine la semana.

«¿Qué voy a hacer ahora?», pensó David. No tenía dinero para comprar comida, y en su casa no quedaba ni un triste mendrugo de pan. Por un momento pensó en vender su laúd, pero le tenía demasiado cariño... «¡Ya sé lo que haré!», se dijo de repente. «Empeñaré[8] la hoja de la espada y así sacaré dinero para comer. Como es de acero, me la pagarán bien. Cuando cobre mi salario al final de la semana, recuperaré la espada, y seguro que nadie se enterará de lo que he hecho...».

David, pues, cortó la hoja de la espada y la empeñó, y de esa forma pudo pagarse la cena. Una vez en casa, talló[8] con un peda-

7 **empeñar**: pedir un préstamo dejando como prenda o garantía algo valioso.
8 **tallar**: darle forma a un trozo de madera o piedra.

zo de madera una hoja de espada del mismo tamaño que la que había empeñado. Luego, la unió a la empuñadura con un cordelillo y la enfundó en su vaina.[9] «Nadie se dará cuenta de que es una espada falsa», se dijo David, riéndose para sí.

Estaba a punto de sentarse a cenar cuando oyó golpes en la puerta. Al abrir, vio que era el mendigo que lo visitaba todas las noches. David le dio la bienvenida, y lo invitó a cenar. Cuando acabaron de comer, el mendigo preguntó:

—¿Qué tal te ha ido el día?

David le contó de principio a fin todo lo que había hecho. Incluso le mostró su espada de madera. El mendigo se admiró de la artimaña,[10] y se rió con David, pero luego le preguntó:

—¿Y qué pasará si mañana hay una inspección de espadas?

—Dios proveerá —contestó David.

Al día siguiente, el rey hizo llamar a David mientras hacía guardia. Cuando el joven entró en el salón del trono, el corazón le palpitaba como un caballo desbocado. Como siempre lo había visto disfrazado, no consiguió reconocer al rey, que estaba sentado en su trono, rodeado de cortesanos. En medio de la sala había un prisionero, que llevaba puesto una especie de camisón y tenía las manos atadas con una cuerda.

—Escúchame, David —dijo el rey—. Este hombre que ves aquí ha sido condenado a muerte por no creer en Dios. Como sé que eres persona devota,[11] te he reservado el honor de ejecutarlo con tu espada. Córtale el cuello ahora mismo.

—¿Ahora mismo, Majestad? —dijo David.

---

9 **vaina:** funda para guardar la espada que se lleva colgada de la cintura.

10 **artimaña:** truco o maniobra ingeniosa que sirve para conseguir algo.

11 **devoto:** muy religioso.

—Sí, todos estos cortesanos desean presenciar con sus propios ojos cómo se hace justicia en mi reino.

—¡Os lo ruego, Majestad —imploró David—, yo nunca he matado a nadie! ¡No puedo hacer algo tan terrible!

—¡Es una orden del rey! —gritó el capitán de la guardia—. ¡Tienes que obedecer ahora mismo!

David empezó a temblar mientras rezaba para sus adentros. Tenía que pensar algo para salir de aquel embrollo,[12] y debía pensarlo deprisa. De repente, se le ocurrió una buena idea, y entonces puso una mano en la vaina de su espada y la otra en la empuñadura. Luego, pronunciando las palabras con una voz suave y temblorosa, como si no fuera él quien estaba hablando, sino un espíritu del más allá, empezó a decir:

—Creador del Universo, Tú sabes que yo nunca he derramado la sangre de otro hombre, y que jamás he usado una espada. No quiero matar a nadie, pero, como es el rey quien me lo ordena, llegaré a un acuerdo contigo. Si este hombre merece la muerte, le cortaré el cuello con la espada que estoy a punto de desenfundar, pero, si no la merece, entonces te suplico que conviertas en madera el acero de mi espada.

David sacó la espada muy poco a poco, mientras el rey y sus cortesanos contenían el aliento. Cuando acabó de desenvainarla, todos tenían la boca abierta de asombro. ¡No podían creerse que la espada de David tuviera la hoja de madera!

—¡Soltad al preso ahora mismo! —ordenó el rey.

Y a continuación, con una sonora carcajada, se levantó del trono, se acercó a David, y lo abrazó, diciéndole:

12 **embrollo**: lío, problema.

—Ahora veo lo fuerte que es tu fe, y cómo te ayuda en los momentos difíciles.

Tras decir esto, el rey le reveló a David quién era en realidad el mendigo que acudía todas las noches a cenar a su casa.

—Desde hoy mismo serás mi consejero —le anunció.

A partir de aquel día, en efecto, David trabajó en palacio, al servicio directo del rey, y los dos hombres fueron uña y carne.[13] David, claro, no cambió nunca. Siguió creyendo en Dios con la misma firmeza y, cada vez que algo le preocupaba, se decía con mucha calma: «Dios proveerá».

13 **ser uña y carne**: mantener una amistad muy estrecha.

El recuerdo

Hace muchísimo tiempo, en un país lejano, murió el rey. Para elegirle sucesor, los ministros siguieron una vieja costumbre típica de aquella extraña nación: soltaron un pájaro que era conocido por un hermoso nombre, «el pájaro de la felicidad». Todo el mundo observó con atención cómo el ave volaba en círculo sobre el reino. La gente esperaba a que el pájaro se posase sobre la cabeza de alguien, pues el hombre a quien eligiera sería nombrado nuevo rey.

Sucedió algo inesperado. El pájaro, tras pensárselo mucho, se posó en la cabeza del bufón[1] del reino, que se pasaba la vida haciendo locuras y tocando el tambor para divertir a la gente. De pronto, el bufón se vio encaramado[2] a hombros de la multitud, que gritaba sin descanso: «¡Larga vida al nuevo rey, larga vida al nuevo rey!». Así, sin dejarle que tocara el suelo, se lo llevaron al palacio real, donde lo bañaron en aguas perfumadas y le cubrieron los hombros con un precioso manto. Luego, los ministros se reunieron con el nuevo rey y le dijeron:

—Recordad, Majestad, que, en adelante, debéis comportaros como un rey, y no como un bufón.

---

1 **bufón**: cómico que divierte a la gente con sus chistes, música y juegos.

2 **encaramado**: levantado, subido.

Y enseguida le quitaron el gorro de cascabeles que usaba para entretener a la gente y le pusieron la corona en la cabeza. El ayuda de cámara[3] tomó el gorro y el traje rojo de bufón y el viejo tambor para quemarlos, y entonces el rey le dijo:

—¡No se te ocurra tirar esas cosas!

Lo primero que ordenó el nuevo rey fue que le construyeran una cabaña en uno de los patios del palacio. No explicó para qué la quería, e insistió mucho en que nadie salvo él debía tener llave de aquella cabaña. Así se hizo.

Todos en palacio sabían que el rey visitaba su cabaña a diario, y que permanecía un rato en su interior, pero nadie pudo averi-

3 **ayuda de cámara**: criado que viste a su amo y cuida de su ropa.

guar a qué obedecía aquella costumbre. Los ministros estaban de lo más intrigados. Cada vez que el rey entraba en la cabaña, prestaban mucha atención, tratando de identificar algún ruido, pero no oían nada de nada. Al cabo, el rey salía de la cabaña y cerraba la puerta con llave.

Pasaron los años, y llegó un día en que la gente de palacio no pudo resistir más la curiosidad. Entonces, se reunieron todos a las puertas de la cabaña mientras su señor estaba dentro. Cuando el rey salió, se encontró frente a frente con sus cortesanos y sus criados, que lo miraban con ojos llenos de curiosidad, buscando una respuesta.

—Supongo que queréis saber qué vengo a hacer a esta cabaña —dijo el rey—. Pues bien, os lo voy a contar. El día en que llegué a palacio me advertisteis: «Recordad que, a partir de hoy, debéis comportaros como un rey». Mi ayuda de cámara quiso tirar mis ropas de bufón, pero yo se lo impedí. Entonces ordené construir esta cabaña, y lo hice para guardar el traje rojo y el gorro de cascabeles y el tambor con los que, en otro tiempo, divertí a tanta gente. Cada día vengo a echarles un vistazo, porque así me acuerdo de quién soy y de dónde vengo. Cuando veo mi viejo traje y mi tambor, vuelven a mi memoria los viejos días en que hacía reír a la gente, y el recuerdo de lo que fui me ayuda a ser un rey más justo y piadoso. Ahora ya lo sabéis.

Y tras decir eso, el rey se abrió paso entre la muchedumbre de sus servidores y volvió a paso lento hacia su trono.

Los higos

El emperador volvía a caballo de recorrer sus tierras cuando vio al margen del camino a un anciano que estaba plantando un árbol. Lleno de curiosidad, el emperador se apeó del caballo y le dijo al anciano:

—¿Por qué te molestas en plantar un árbol con la edad que tienes? ¿No ves que, cuando empiece a dar frutos, lo más seguro es que ya estés muerto? ¡Deja la tarea de plantar árboles para tus hijos y tus nietos!

—Majestad —respondió el anciano—, planto árboles igual que lo hicieron mis padres y mis abuelos. Cuando yo nací, había ya muchos árboles en el mundo, porque los habían plantado nuestros antepasados. Así que ahora me toca a mí plantar los árboles del futuro para que los disfruten mis hijos y mis nietos. Seguro que este árbol que veis aquí, de ramas tan desnudas y esmirriadas, será algún día una buena higuera.

—¡Me encantan los higos! —confesó el emperador—. Si todavía estás vivo cuando tu higuera empiece a darlos, tráeme unos cuantos a palacio, porque me gustará mucho probarlos. Ojalá que Dios te dé muchos años de vida para que puedas seguir plantando árboles y comiendo sus frutos.

Tras decir esto, el emperador subió de nuevo al caballo y siguió su camino.

Tiempo después, la higuera empezó a echar hojas, y a los tres años dio sus primeros frutos. Entonces, el anciano tomó su mejor cesta, la limpió hasta sacarle brillo y la llenó con sus higos más lozanos. Luego, le pidió a un vecino suyo un paño para taparlos y, tras colgarse la cesta del brazo, salió camino de palacio.

Cuando llegó, los guardias del emperador le cerraron el paso. Tomaron al viejo por un mendigo, o incluso por un loco, pues ¿cómo se le ocurría llevarle una cesta de higos a un emperador que tenía de todo?

—Fue el emperador quien me pidió los higos —insistió el anciano.

Los guardias no se lo creyeron. Con todo, fueron a consultar con el emperador, quien, tras hacer memoria, dijo:

—Sí, creo recordar que, hace tres o cuatro años, vi a un anciano en el campo plantando una higuera y me paré a hablar con él. Dejadle entrar.

Cuando el anciano estuvo ante el emperador, le entregó los higos. El emperador los olió y quedó encantado con su fragancia. Luego, tomó uno y se lo comió con gran placer.

—¡Hum! —dijo—. Si todos los higos de tu higuera son tan dulces como éste, no hay duda de que hiciste muy bien al plantarla. Espero que tengas una larga vida. Y, para que veas cuánto me gustan tus higos, voy a corresponderte con un regalo.

Entonces, el emperador llamó a su tesorero y le dijo:

—Llena la cesta de este anciano de monedas de oro.

El anciano hizo el camino de vuelta con una sonrisa en los labios. Ya estaba a la puerta de su casa cuando se cruzó con su vecino, el que le había prestado el paño para cubrir los higos. Lleno de curiosidad, el vecino le preguntó:

—¿De dónde vienes? Veo que te has vestido con tus mejores ropas, así que no hay duda de que has ido a visitar a una persona importante. Ven a tomar el té y nos lo cuentas todo.

El anciano aceptó la invitación y entró en casa de su vecino. Dejó la cesta sobre la mesa y levantó el paño con el que había tapado los higos.

—Aquí tenéis vuestro paño —dijo—. Mil gracias por habérmelo dejado.

Ni el vecino ni su mujer prestaron la menor atención al paño, pues se quedaron embobados mirando las monedas de oro que había dentro de la cesta. El anciano les contó que el emperador se las había regalado para agradecerle unos higos.

Cuando el anciano se volvió a su casa, la mujer del vecino se plantó delante de su esposo y le dijo:

—¡Mira que eres tonto! ¡Tantos años pensando en un modo de hacerte rico y no se te había ocurrido el más simple de todos! ¡Ahora mismo vas a llenar una cesta de higos y se la vas a llevar al emperador! Le dices que se los coma y luego le pides que te llene la cesta de monedas de oro. Venga, ¿a qué esperas? Ve preparándote, que yo voy a buscar la cesta.

De todas las cestas que tenía en la casa, la mujer eligió la mayor, y el esposo la llenó enseguida de higos. ¡No os imagináis cómo corrió el hombre camino de palacio! Cuando llegó, les pidió a los guardias que le dejasen entrar, pero ellos se negaron.

—¿Cómo que no me dejáis pasar? —dijo el hombre a voz en grito.

Justo entonces, el emperador pasó por allí y oyó la discusión.

—¿Por qué querías verme? —le preguntó al hombre de la cesta.

—Majestad, mi vecino os trajo una cesta de higos y le pagasteis con una buena cantidad de monedas de oro. Yo también os traigo unos higos excelentes. ¿Verdad que me merezco una recompensa?

—¡Ah —repuso el Emperador—, cuando tu vecino me dio los higos, me los regaló de todo corazón, y sin esperar nada a cambio! Pero no te preocupes, que también a ti te daré lo que te mereces.

Entonces, el emperador ordenó a sus guardias que ataran a aquel hombre a la puerta del palacio y que dejaran la cesta llena de higos en el suelo. Y luego añadió en voz bien alta:

—¡Ordeno que todo el que pase por aquí tome un higo y se lo lance a la cara a este mentecato!

Y así se hizo. Todo el que pasó por delante del palacio sacó un higo de la cesta y lo estampó contra las narices del hombre atado. Cuando los higos se acabaron, el emperador mandó soltar al hombre y le permitió que volviera a casa. Su esposa lo esperaba en la puerta, impaciente por ver las monedas de oro. Cuando vio la cesta vacía, exclamó muy decepcionada:

—Pero ¿qué es lo que ha pasado? ¿Dónde están las monedas de oro?

—¡Ay, esposa querida —respondió el marido—, no sabes lo estúpidas que llegan a ser tus ideas! ¿Conque me iban a dar oro a cambio de unos pocos higos, eh? ¡Pues entérate de que me los han tirado todos a la cara! ¡Y aún tengo que estar agradecido...!

—¿Agradecido? ¿Por qué?

—Porque nuestro vecino tuvo la buena idea de plantar una higuera. ¡Imagínate qué habría sido de mí si se le hubiera ocurrido plantar un limonero!

La mitad de la manta

Hubo una vez un rico mercader que tenía un hijo. A medida que el padre se hacía mayor, el niño fue creciendo. Cuando el hijo llegó a la adolescencia, empezó a trabajar con su padre, y se convirtió también él en un hábil mercader. Entonces se casó y tuvo un hijo que lo colmó de felicidad.

Pasaron algunos años, y un día, el viejo mercader sintió que empezaban a faltarle las fuerzas para seguir trabajando.

—Creo que ha llegado la hora de retirarme —le anunció a su hijo—. Todo el mundo me considera un mercader honrado, y confío en que sabrás mantener el buen nombre de nuestra familia. He decidido darte todo lo que poseo ahora que aún estoy vivo. Gozarás de mis bienes, y de ese modo, yo podré disfrutar también de tu éxito en los negocios. Estoy seguro de que me darás todo lo que necesite.

—¡Por supuesto que sí, padre! —respondió el hijo con gran entusiasmo—. ¡No sabes cuánto te agradezco lo mucho que confías en mí!

Al principio, el hijo honraba a su padre, y le contaba cada paso que daba en sus negocios. Muchas veces le pedía consejo, y el padre lo ayudaba encantado. Con el tiempo, sin embargo, el hijo dejó de darle explicaciones al padre y de buscar su consejo. Incluso le aburría oírlo, así que, cuando el anciano le hablaba, el hijo no le hacía el menor caso. «¡Qué le importará a este viejo loco lo que hago con mis negocios!», pensaba.

Un día, el hijo interrumpió a su padre cuando estaba hablando y le dijo de muy malos modos:

—¡Deja de decir tonterías! ¡Sé muy bien cómo dirigir mis negocios, y no necesito tus consejos! ¡Me he cansado de oír tus bobadas, y no tengo ganas de aguantarte más, así que tendrás que marcharte!

—¿Marcharme? —exclamó el anciano—. ¿Y dónde voy a ir? Soy demasiado viejo para dejar mi casa.

—Eso no es asunto mío —respondió el hijo—. Y recuerda que esta casa ya no es tuya. Tendrás que irte al amanecer, o de lo contrario haré que te echen.

El anciano, pues, no tuvo más remedio que marcharse de casa. Desde aquel día, se dedicó a pedir limosna por la calle.

Una mañana en que hacía muchísimo frío, el anciano se acercó a la casa que en otro tiempo había sido suya, y vio a su pequeño nieto jugando en el patio. Había nevado mucho, y el anciano estaba helado. El niño, en cambio, se lo estaba pasando en grande con la nieve. En cierto momento, miró hacia la calle y vio a un anciano que no le quitaba la vista de encima. El niño se preguntó quién sería aquel hombre y por qué rondaba su casa.

—Soy tu abuelo —le explicó el anciano.

El niño se quedó muy asombrado. ¿Sería verdad lo que estaba diciendo aquel mendigo?

—¿Quieres algo? —le preguntó al viejo.

—Te agradecería mucho que le pidieras a tu padre una manta para abrigarme. Ha nevado mucho, y estoy muerto de frío.

El niño corrió al interior de la casa y le dijo a su padre:

—Papá, en la puerta hay un viejo que dice que es mi abuelo. ¡Seguro que se ha equivocado! El pobre tiene tanto frío que me ha pedido una manta. ¿Dónde puedo encontrar una?

El padre se quedó pensativo un momento, y luego respondió:

—Hay una manta vieja en el desván, dentro de un baúl. Dásela a tu abuelo si quieres.

El niño subió al desván a todo correr, y se pasó allí arriba tanto rato que su padre empezó a extrañarse. Temiendo que le hubiera pasado algo malo, fue a buscarlo. Al llegar al desván, vio que el niño estaba cortando la manta con ayuda de un cuchillo.

—¿Qué haces, hijo? —le preguntó.

—Estoy cortando la manta en dos —respondió el niño— para darle la mitad al abuelo.

—¿Y qué vas a hacer con la otra mitad?

—La guardaré para ti. Cuando te hagas viejo y tengas que mendigar en la calle, en medio de la nieve, te daré esta mitad de la manta para que puedas calentarte.

Al oír aquello, el padre se estremeció. Bajó la escalera corriendo y cruzó la casa en dirección al patio. Cuando salió al exterior, tenía los ojos llenos de lágrimas. Su anciano padre estaba esperando, completamente quieto, en mitad de la nieve. Primero lo abrazó, y luego le dijo:

—Perdóname, padre, por favor. Tendría que estarte agradecido y honrarte de por vida por todas las cosas que me has dado. Te prometo que a partir de ahora todo cambiará. Entra en tu casa, por favor.

Desde aquel momento, en efecto, todo cambió. El anciano perdonó a su hijo y volvió a vivir en la casa. Aquella noche, mientras el abuelo se calentaba ante el fuego de la chimenea, su

nieto se acercó para sentarse a su lado. Llevaba con él las dos mitades de la manta. El anciano agarró una y se la echó por encima al niño. Después, agarró la otra y se tapó con ella. Luego, le guiñó un ojo al niño y empezó a contarle un cuento.

Y esa escena se repitió una infinidad de veces durante muchos años.

La jaula de oro

Érase una vez una princesa que paseaba por su jardín. De pronto, al pie de un árbol, vio un pájaro muy bello. Le gustó tanto que comenzó a llamar a una de sus doncellas.[1]

—¡Es el pájaro más hermoso que he visto en mi vida! —le dijo, emocionada—. ¡Cómo me gustaría quedármelo, para poder mirarlo a todas horas y oír su canto durante todo el día!

Entonces, la doncella volvió corriendo al interior del palacio y avisó a todos los criados para que la ayudaran a cazar el pájaro. Más de veinte hombres se congregaron[2] en el jardín. Durante horas, corrieron de acá para allá, agitaron las manos, se agazaparon entre los rosales y trinaron como los pájaros, todo para cazar al bello animal que tenía entusiasmada a la princesa. Les costó grandes esfuerzos, pero al fin consiguieron atraparlo.

El pájaro acabó encerrado en una jaula de oro. La princesa mandó que le dieran de comer los alimentos más exquisitos: miel de romero y trufas[3] de oriente, leche de cabra y zumo de granada. Día y noche, dos sirvientes se ocupaban del bienestar del pájaro. Cada vez que la princesa salía a pasear por el jardín, un criado iba tras ella, con la jaula de oro en la mano, para que

1 **doncella**: criada.

2 **congregarse**: reunirse, juntarse.

3 **trufa**: hongo muy aromático, de delicado sabor y altísimo precio.

la princesa gozase en todo momento de la compañía y el canto de su bellísimo pájaro.

Sin embargo, a pesar de las muchas atenciones que recibía, el pájaro estaba triste. Detestaba vivir en una jaula, y extrañaba mucho los viejos tiempos, cuando podía volar a su aire y subir y bajar por el cielo, y gozar de la compañía de los otros pájaros y cantar al sol del mediodía, posado en la rama más alta del árbol más alto.

Un día, el pájaro oyó al príncipe cuando decía:

—Mañana mismo salgo de viaje. El palacio que tengo que visitar se encuentra en un oasis[4] en mitad del desierto. Estaré de vuelta en el plazo de un mes.

Al oír aquello, el pájaro rompió a cantar. El príncipe se extrañó de que trinara con tanta fuerza, así que se acercó a la jaula y miró al animal con mucha atención. De pronto, el pájaro empezó a decir:

—Príncipe, cuando vayáis a ese oasis que decís, ¿podríais hacerme un favor?

El príncipe se quedó de lo más sorprendido, pues no sabía que el pájaro pudiera hablar. Cuando se le pasó el asombro, respondió:

—Con mucho gusto te haré el favor que me pidas. ¿Quieres que te traiga alguna comida especial?

—No, no quiero nada de comer. Pero si veis a otros pájaros como yo, ¿podríais decirles que estoy en una jaula, y que les envío muchos recuerdos? ¿Me haréis ese favor?

—Por supuesto que sí —dijo el príncipe, y partió de viaje.

---

4 **oasis:** lugar con agua y vegetación situado en medio de un desierto.

Regresó al cabo de un mes. Cuando el pájaro vio al príncipe, cantó para llamar su atención. El príncipe se acercó a la jaula de oro, y entonces el pájaro le dijo:

—Príncipe, ¿visteis a algún miembro de mi familia en vuestro viaje?

—Sí. Vi un pájaro igual que tú.

—¿Y le disteis mis recuerdos, tal como os pedí?

—Claro que sí. Le conté que estabas en el mejor palacio del reino, en una preciosa jaula de oro, y que le enviabas muchos recuerdos.

—¿Y qué contestó mi pariente?

—Ah, querido pájaro —contestó el príncipe—, lamento decirte que tu pariente no dijo ni pío. En cuanto le conté dónde vivías, resbaló de la rama en que estaba posado y cayó redondo al suelo. «¡El pobre ha muerto!», pensé. Pero, cuando me acerqué para enterrarlo, recobró la vida de pronto y se escapó volando. Así que no me dio ningún mensaje para ti…

El pájaro no dijo nada, ni mostró el menor sentimiento.

A la mañana siguiente, la doncella descorrió las cortinas del dormitorio de la princesa, abrió el balcón y luego volvió a dejar a su señora a solas. La princesa estiró los brazos, y lo primero que hizo, como todas las mañanas, fue darle los buenos días al pájaro. El animal siempre cantaba para responderle, pero aquel día se quedó callado. La princesa, extrañada, saltó de la cama y corrió hacia la jaula. Cuando vio al pájaro, rompió a llorar.

—¡Mi pájaro está muerto! —gritó—. ¡Socorro, socorro!

La doncella, al oír los gritos, entró en la habitación a todo correr, y un criado la siguió. La princesa se hallaba junto a la jaula de oro, llorando a lágrima viva.

—¡Levántate, pajarito mío! —decía mientras meneaba la jaula—. ¡Ponte a cantar, por favor!

La doncella se acercó, y vio que el pájaro se hallaba tumbado boca arriba en el suelo de la jaula. Estaba muerto, no había ninguna duda.

—¡Sacad al pájaro de la jaula! —ordenó la princesa—. ¡Sopladle en la cara a ver si revive!

El criado abrió la puerta de la jaula y agarró al pájaro para tratar de reanimarlo. Luego lo acercó a la ventana a fin de que le diera el aire fresco y, justo cuando el pájaro notó la brisa en la cara, extendió las alas y echó a volar hasta la rama del árbol más cercano. La princesa quedó desconcertada.

—¿De modo que todo era una trampa? —exclamó—. ¡Querías escaparte y nos has engañado...! Pero ¿por qué te quieres ir, si vives en una jaula preciosa donde no te falta ninguna comodidad? ¿Es que no te he tratado bien? ¿Dónde has aprendido esa trampa tan maliciosa con que nos has engañado?

El pájaro soltó un largo trino de alegría y luego contestó:

—Princesa, la mejor jaula del mundo no vale tanto como la libertad de volar a donde me apetezca. Y, puesto que queréis saber cómo aprendí este engaño con el que he logrado la libertad, os lo diré ahora mismo: me lo enseñó un pariente lejano que vive en un oasis en medio del desierto…

Tras decir esto, el pájaro volvió a cantar. Luego, subió hacia el cielo describiendo una hermosa espiral en el aire, y nunca más se dejó ver en los lujosos jardines de palacio.

La ciudad de los tontos

A Chelm la llaman «la ciudad de los tontos».[1] Sin embargo, muchos piensan que sus habitantes son auténticos sabios, porque las cosas que dicen y hacen están cargadas de lógica. De una lógica muy poco habitual, eso sí…

Antes que nada, os voy a contar cómo surgió la ciudad de Chelm. Sucedió que, un día, Dios envió a dos ángeles a la tierra, cada uno con un saco lleno de almas. Uno de los sacos contenía almas inteligentes, y el otro, el más pesado, almas tontas.

—Allá por donde paséis —les dijo Dios a los ángeles—, soltad la misma cantidad de almas de un saco y de otro.

Los ángeles, pues, fueron repartiendo equitativamente[2] los dos tipos de almas por el mundo. Todo fue bien hasta que, en cierto momento, el ángel que llevaba el pesado saco de las almas tontas tropezó con la cumbre del monte que domina el valle de Chelm, y su saco quedó enganchado en el pico de la montaña. Entonces, el fondo del saco se rompió, y todas las almas que iban dentro bajaron en avalancha hasta el fondo del valle. Las almas tontas, al llegar allí, despertaron y dijeron:

—¡Qué sitio tan agradable! ¡Nos quedaremos a vivir!

---

1 **Chelm** es una población polaca donde la tradición hebrea sitúa "la ciudad de los tontos".

2 **equitativamente**: de forma equilibrada, de forma proporcionada.

De modo que se establecieron en el valle, al que le pusieron el nombre de Chelm.

Un día, los chelmitas estaban leyendo en el *Talmud*[3] cómo había creado Dios el sol y la luna, las dos grandes luminarias[4] del cielo. Al principio, las dos tenían el mismo tamaño y brillaban por igual. Pero, en cierta ocasión, la luna acudió ante Dios para quejarse.

—Necesito más sitio para girar por los cielos —le dijo—. Tendríais que achicar un poco el sol para que me quede más espacio. Además, el sol no para de escupirme fuego y me deja la cara llena de cráteres.

Dios fue entonces a ver al sol y le dijo:

—¿Te gusta cómo te he creado?

—Sí —respondió el sol.

Así las cosas, Dios decidió zanjar el problema achicando a la luna y poniéndola en el otro lado del mundo para que recorriera el espacioso cielo de la noche.

Tras leer esto, los chelmitas empezaron a debatir sobre qué era más importante, si el sol o la luna.

—¿Que qué es más importante? —exclamó uno—. ¡Menuda pregunta! ¡Por supuesto que el sol es mucho más importante que la luna!

—¿El sol? ¿El sol? —saltó otro—. ¿Pero cómo puedes ser tan bobo? ¡Es mucho más importante la luna! ¡La luna nos hace más falta que el sol!

---

3 El *Talmud* es la obra que reúne los comentarios de los rabinos antiguos a la *Toráh*, es decir, al gran libro sagrado de los judíos. En el *Talmud* se explican con detalle las leyes, tradiciones, costumbres y creencias del judaísmo.

4 **luminaria:** luz muy grande.

Al poco rato, había una multitud de chelmitas reunidos en la plaza del mercado. Todos tomaron partido, unos a favor de la luna y otros a favor del sol. Permanecieron en la plaza todo el día, discutiendo sin parar hasta quedarse sin saliva. ¡Con deciros que se olvidaron incluso de ir a trabajar…! Todo el mundo tenía su propia opinión, y nadie estaba dispuesto a dar su brazo a torcer. Como no querían interrumpir el debate, los chelmitas decidieron cenar en la plaza. Las mujeres aparecieron con unas ollas enormes y sirvieron a sus maridos y sus hijos una sopa dorada hecha con muslos de gallina. Cada chelmita recibió un cuenco lleno de sopa, en el centro del cual flotaba una yema de huevo. ¡Era un espectáculo oír a tanta gente sorbiendo la sopa a la vez! Sonaban como una gran orquesta en la que todos los instrumentos estuvieran desafinados. De pronto, alguien se quedó mirando el interior de su cuenco y exclamó:

—¡Mirad, chelmitas! ¡Estas yemas de huevo son igualitas que el sol!

A lo que otro replicó:

—¿Pero qué dices? ¡No ves que son igualitas que la luna!

Todo el mundo dio su opinión sobre el parecido que guardaban las yemas de huevo bien con el sol o bien con la luna. De ese modo, la discusión volvió a cobrar fuerza. Algunos chelmitas estaban tan encendidos que levantaban sus cucharas de madera con mucha energía, como si quisieran aporrear al que tenían delante, y otros hacían tantos aspavientos[5] al hablar que derramaron la mitad de la sopa. A la mayoría, la comida se le enfrió en el cuenco, pues los chelmitas estaban más interesados en discutir

5 **aspaviento**: gesto exagerado con el que uno expresa lo que siente.

que en cenar. Al final, como no lograban ponerse de acuerdo, abandonaron el debate por puro aburrimiento.

Pasaron los meses. Llegó la festividad de *Simjat Toráh*, en la que se acaba de leer la *Toráh*,[6] que termina con la muerte de Moisés, y se vuelve a empezar por el principio, donde se explica la Creación del mundo.

—Acabamos de leer la *Toráh* y empezamos a leerla de nuevo —observó un chelmita—. Es como trazar un círculo.

—Un círculo, sí —asintió otro—. Un círculo redondo como la luna.

6 Todos los sábados, los judíos leen en sus templos una porción de su libro sagrado, la *Toráh*. La lectura se completa al cabo de un año, y entonces vuelve a iniciarse, en una festividad llamada *Simjat Toráh* ('la alegría de la *Toráh*').

—¿«Como la luna»? ¡Querrás decir «como el sol»!

Allí empezó una nueva discusión. Todo el mundo volvió a tomar partido. Unos gritaban «¡El sol, el sol!» y otros gritaban «¡La luna, la luna!». «¡Te digo que el sol!», «¡Te digo que la luna!»... Así siguieron y siguieron durante un buen rato, hasta que el rabino les pidió a todos que callaran de una vez porque iban a iniciar desde el principio la lectura del rollo de la *Toráh*.[7] Los chelmitas tomaron asiento y mantuvieron un silencio respetuoso. Todos permanecieron muy atentos mientras el rabino leía los primeros versículos[8] de la *Toráh*, que dicen: «En el comienzo, Dios creó los cielos y la tierra». El silencio prosiguió cuando el rabino leyó lo que Dios había creado en los tres primeros días. En cambio, cuando llegó al cuarto día, leyó algo que alborotó de nuevo a la gente.

—«Y Dios creó el sol, la luna y las estrellas» —dijo el rabino.

El lío fue fenomenal. Bastó con que los chelmitas oyeran las palabras «sol» y «luna» para que reanudasen su viejo debate. Por supuesto, nadie se preocupó por las estrellas, ni por el resto de maravillas que Dios había creado, porque a los chelmitas tan sólo les interesaban la luna y el sol.

Al final, los más viejos comprendieron que el debate debía concluir, y que el único modo de zanjarlo era someter el asunto a votación. Al día siguiente, pues, los chelmitas votaron. Luego,

7 La *Toráh* que se utiliza en las sinagogas no tiene la apariencia de un libro impreso, sino de uno o varios rollos manuscritos que se van desenrollando a medida que se avanza en la lectura. De esa forma, se respeta el formato de la primera *Toráh*, la de Moisés, escrita en un tiempo en que los textos se transcribían sobre hojas de papiro que se guardaban enrolladas.

8 **versículo**: cada una de las frases o fragmentos de frase en que está dividida la *Toráh*.

se contaron los votos un sinfín de veces, pues se decidió que todos los chelmitas debían contarlos, todos sin excepción, salvo los niños del parvulario, que aún no sabían contar. Acabado el recuento, se hizo público el resultado. La pregunta era bien clara: «¿Qué es más importante, el sol o la luna?». Por abrumadora mayoría, los chelmitas decidieron que la luna era más importante que el sol. ¿Y por qué? Porque de día, como hay luz, nadie necesita al sol, mientras que por la noche, al estar todo a oscuras, si no fuera por la luna, no se vería nada.

Hay quien piensa que es una respuesta cargada de lógica. Si por casualidad compartes tal opinión, será que tú también tienes algo de chelmita.

una cartera llena de relojes

El joven Miguel trabajaba en una relojería. Aunque era un simple aprendiz, su jefe le tenía tanta confianza que lo envió a la capital a recoger una importante remesa[1] de relojes de oro. En el viaje de vuelta, Miguel cabalgaba a todo galope. Tenía miedo, pues sabía que los caminos no eran seguros. Temía que le robasen la cartera llena de relojes de oro que llevaba colgada de la silla de montar, aunque lo que más le asustaba era perder la vida a manos de un bandido. A su alrededor, los árboles proyectaban sombras fantasmagóricas, y ya no quedaba más luz en el cielo que un puntito de sol sobre el horizonte.

De pronto, en el camino se cruzó un hombre a caballo. Miguel sintió que las piernas le temblaban. Comprendió que no tenía más remedio que detenerse, así que tiró de las riendas. Inconscientemente, miró de reojo la cartera donde iban los relojes.

—¡Baja del caballo o disparo! —ordenó el desconocido.

—¡Tranquilo! —dijo Miguel—. ¡Ahora mismo bajo!

Cuando Miguel saltó del caballo, el bandido le gritó:

—¡Dame tu reloj!

Miguel obedeció sin rechistar. Sacó su reloj del bolsillo y se lo tendió al bandolero.

1 **remesa**: envío.

—¡Ahora dame todo el dinero que lleves encima!

Miguel vació sus bolsillos, y le entregó al salteador todo el dinero que llevaba. «Ojalá se vaya de una vez», pensó. Miguel sólo tenía una idea en la cabeza: que el bandolero no le pidiera la cartera donde iban los relojes de oro. Pero la suerte no lo acompañó. De pronto, el ladrón reparó en la cartera y se puso a gritar:

—¡Ahora quiero esa cartera que llevas colgada de la silla! ¡Y no hagas movimientos bruscos, o disparo!

Miguel sintió un escalofrío en la espalda. A regañadientes, desató la cartera y se la entregó al salteador. El ladrón la abrió con el único propósito de meter en ella el reloj y las monedas que acababa de robarle a Miguel, pero, cuando vio lo que había dentro de la cartera, sonrió de oreja a oreja. Entonces, Miguel se dirigió al ladrón con el mayor respeto y le dijo:

—Señor, esos relojes de oro no son míos: he ido a la ciudad a recogerlos por encargo de mi jefe. No dejo de pensar que, cuando vuelva a la relojería donde trabajo, mi jefe pensará que he sido yo quien se ha quedado con los relojes, y me molerá a palos. Es probable incluso que me denuncie ante la policía y me ahorquen por ladrón. ¡Será toda una vergüenza para mis padres!

—¡Y qué quieres que haga yo!

—Tiene que quedar claro que me han robado. ¡Ayúdeme, por favor!

—¿Que te ayude? —preguntó el salteador, algo desconcertado—. ¿Y qué quieres que haga?

—Que dispare a mi ropa, para que mi jefe vea que no tuve más remedio que entregar los relojes. Tiene que parecer que me he resistido hasta el final. Por favor, dispare unas balas contra mi sombrero. Así parecerá que me he escapado por los pelos…

—Si eso es lo que quieres —sonrió el ladrón—, lo haré con mucho gusto.

Entonces, Miguel se quitó el sombrero y lo dejó colgando de su mano, lo más separado posible del cuerpo. El salteador, al que le divertía mucho aquella situación, disparó alegremente contra el sombrero. Luego, Miguel volvió a ponérselo y dijo:

—¡Dispáreme también en el abrigo, y así mi jefe no podrá dudar de que me he enfrentado a todo un ladrón!

Dicho y hecho. Miguel se quitó el abrigo y lo sostuvo con una mano, a cierta distancia de su cuerpo, y el salteador volvió a disparar unas cuantas balas. Cuando acabó, Miguel señaló una parte del abrigo y dijo:

—Un disparo más aquí, en el bolsillo.

Entonces, el salteador apretó el gatillo de la pistola, pero todo lo que se oyó fue un pequeño "clic". Había disparado tantas veces que ya no quedaba ni una sola bala en el cargador. Sin perder un segundo, Miguel tiró el abrigo contra la cara del ladrón, le arrancó la cartera de las manos, montó en su caballo y se alejó a todo galope.

Cuando Miguel llegó a la ciudad y contó lo ocurrido, su jefe rió de buena gana y dijo:

—Está claro que la astucia puede más que la maldad.

Luego, el relojero le entregó a Miguel una buena recompensa, además de un abrigo y un sombrero nuevos. Y, desde aquel día, los dos tuvieron una buena historia que contar a todo el que quisiera escucharla.

El brillante y la rosa

El *maguid* de Dubno era famoso por sus parábolas.[1] Cada vez que alguien le hacía una consulta o le pedía consejo, el *maguid* respondía narrando una historia.

Un día, un estudiante que paseaba con el *maguid* le confesó:

—Tengo una forma de ser, *maguid*, que no me gusta nada, pues me encuentro decenas de defectos. Dime: ¿qué puedo hacer para convertirme en una persona mejor?

—Te contaré una parábola —respondió el *maguid*—: Érase una vez un rey que poseía uno de los diamantes más bellos del mundo. Estaba muy orgulloso de aquella piedra, que era perfecta en cada uno de sus detalles, y no dudaba en enseñársela a todos los dignatarios[2] que pasaban por su palacio.

»Un día, el rey notó que en el interior del diamante había aparecido una grieta. Aunque la grieta era muy fina, estropeaba por completo el magnífico juego de brillos que despedía la piedra. "¡Qué desastre!", pensó el rey. "¡Ojalá haya algún modo de

---

1 En el este de Europa, se llama *maguid* al religioso que predica por la calle la religión judía y sus valores. Para difundir su mensaje, el *maguid* suele utilizar *parábolas*, es decir, cuentos que transmiten un útil mensaje moral aplicable a la vida cotidiana. En concreto, en la ciudad ucraniana de Dubno vivió durante el siglo XVIII un famoso *maguid* llamado Jacob Kranz que es el protagonista de este cuento.

2 **dignatario**: mandatario, persona que ejerce el poder.

reparar el defecto!”. Al instante, el rey llamó a los mejores talladores de joyas de su reino y les preguntó:

»—¿Qué podéis hacer para que el brillante recupere su perfección original?

»Los talladores permanecieron muy serios. Durante un buen rato, se dedicaron a pensar en completo silencio. Pero, aunque todos eran expertos en su oficio, a ninguno se le ocurrió nada. Ciertamente, parecía imposible devolverle al diamante la perfección que había perdido. De pronto, en medio del silencio general, un joven alzó la voz. Se llamaba Elías, y acababa de terminar su aprendizaje con uno de los mejores talladores del reino.

»—Majestad —dijo Elías—, ya que no es posible restaurar el brillante, tal como admiten todos los maestros talladores aquí presentes, yo quisiera crear una joya nueva a partir de esa imperfección.

»Como el rey no tenía otra salida, dio su consentimiento.

»Elías trabajó duro, en secreto, durante varios días. Cuando terminó su tarea, acudió a palacio para mostrarle el resultado al rey. El monarca se moría de impaciencia por ver cómo había quedado su diamante. A decir verdad, no tenía grandes esperanzas. Suponía que Elías habría partido el brillante en dos, siguiendo la grieta, para convertirlo en dos piezas de menor tamaño. “Es una lástima”, pensó el rey, consciente de que dos brillantes pequeños no valen nada en comparación con uno grande. Sin embargo, ¿qué otra cosa se podía esperar?

Cuando Elías sacó el diamante del paño que lo envolvía, el rey sonrió de satisfacción. El joven no había partido el diamante en dos. No, había tenido una idea mucho más ingeniosa. En lugar de considerar la grieta como una imperfección, la había apro-

vechado para embellecer el diamante. En aquella grieta, había visto el tallo de una rosa, así que había tallado en el brillante el resto de la flor: las raíces por debajo, las hojas a los lados y los pétalos por encima. De ese modo, había transformado lo imperfecto en hermoso. Con aquella rosa, el brillante resultaba la piedra más original y bella del reino, y tal vez del mundo. El rey, que siempre había valorado su diamante, lo apreció desde aquel día un poco más.

Acabada la historia, el *maguid* de Dubno se volvió hacia el estudiante y le dijo:

—Igual que ese brillante, todos tenemos faltas. Pero depende de nosotros mismos convertirlas en algo atractivo, útil y valioso.

Y tras decir tales palabras, el *maguid* se calló, y siguió caminando en silencio al lado del estudiante.

Todo pasa, nada dura

Cuando el rey Salomón tenía una duda, siempre le pedía consejo a su amigo Bernabé. Bernabé era un hombre sabio y leal, casi tan inteligente como el propio Salomón. Siempre que el rey le hacía una pregunta, Bernabé respondía con seguridad y prudencia. No había duda de que Bernabé era el mejor consejero que un monarca podía desear.

Salomón y Bernabé solían jugar juntos al ajedrez. El rey ganaba siempre. Pero una noche, Bernabé logró derrotar a Salomón con sólo cuatro movimientos. Fue una partida magistral. A Salomón, que era muy competitivo, le escoció la derrota. Se pasó la noche despierto, buscando un modo de desquitarse.[1] A la mañana siguiente, llamó a Bernabé y le dijo:

—Amigo mío, me han hablado de un extraordinario anillo que tiene el poder de hacer feliz al hombre triste y volver triste al hombre feliz. No tengo ni idea de dónde está, pero quiero que vayas a buscarlo. Con lo despierto que eres, seguro que das con él. Eso sí, tienes que volver a palacio en treinta días, lo hayas encontrado o no.

Por supuesto, lo del anillo era un cuento chino. Salomón pensaba que Bernabé volvería a los treinta días, desesperado de tan-

1 **desquitarse:** vengarse, tomar revancha.

to buscar el anillo, y le diría con cara muy triste: «Lo siento, Majestad, pero no lo he podido encontrar». Entonces, Salomón se daría el gusto de reírse de su amigo y le confesaría que todo había sido una travesura. Seguro que Bernabé se reiría con él. Después, Bernabé le contaría las aventuras vividas durante aquellos treinta días, y su relato distraería a Salomón y le haría olvidarse por un rato de las muchas preocupaciones que trae consigo la tarea de reinar.

Bernabé, pues, partió de Jerusalén en busca del anillo prodigioso. No se le pasó por la cabeza que el rey lo hubiera mandado a cazar gamusinos.[2] A lomos de su caballo, Bernabé viajó de ciudad en ciudad. Entraba en todas las joyerías, se paraba en cada tenderete, y a todos los mercaderes les preguntaba lo mismo:

—¿No tendrás por casualidad el anillo que vuelve triste al hombre feliz y feliz al hombre triste?

Todos miraban a Bernabé como si estuviera loco.

—¡No existe ningún anillo en el mundo que tenga esa virtud! —le decían—. ¡Pobre hombre!, ¿no ves que te han mandado a cazar gamusinos?

Estaban a punto de cumplirse los treinta días cuando Bernabé emprendió el camino de regreso. Era la primera vez en la vida que le fallaba a su querido Salomón, y se sentía muy triste. Iba a pie, al lado de su caballo, bajando por un estrecho callejón, cuando vio una pequeña tienda donde se vendían anillos y collares. «Probaré a entrar», se dijo entonces. «Que nadie pueda decir que he pasado por alto mi última oportunidad…».

2 Es decir, 'que el rey lo hubiera enviado en busca de algo que no existe', como pasa con los *gamusinos*, que son animales imaginarios.

Cuando Bernabé entró en la tienda, vio al joyero sentado tras su mesa de trabajo. Estaba engarzando[3] una pequeña piedra en el lomo de un libro. Al oír los pasos, el hombre levantó la cabeza, y entonces Bernabé le preguntó:

—Busco un anillo portentoso que vuelve triste al hombre feliz y feliz al hombre triste. ¿Has oído hablar de él?

El joyero permaneció callado unos instantes. Bernabé supuso que rompería a reír como todos los demás, y se sintió tan desolado que dio media vuelta y se dispuso a marcharse. Pero, justo entonces, el joyero apartó la vista del libro que estaba decorando, y dijo:

—Por supuesto que he oído hablar de ese anillo. Lo compré ayer mismo. Aguarda un momento y te lo traeré.

---

3 **engarzar**: colocar algo de forma que quede bien encajado.

El joyero se metió en la trastienda,[4] y regresó enseguida con un anillo de oro entre los dedos. Al observarlo de cerca, Bernabé vio que tenía una frase grabada en letras diminutas, y cuando la leyó, rompió a reír con muchas ganas.

—¡Éste es el anillo que andaba buscando, sí! —dijo.

Bernabé dio las gracias al joyero, y le pagó por el anillo una generosa suma de monedas de oro. Luego, salió corriendo de la tienda, saltó sobre su caballo y puso rumbo a Jerusalén.

Salomón aguardaba en el salón del trono. Echaba de menos a Bernabé y estaba impaciente por verlo. Pero, sobre todo, pensaba en lo mucho que se iba a reír cuando su amigo tuviera que reconocer, con cara compungida,[5] que había fracasado en su búsqueda del anillo mágico.

Sin embargo, nada sucedió según lo previsto. Para sorpresa de Salomón, Bernabé entró en el salón del trono con paso decidido y, tras hacerle una rápida reverencia, le entregó un anillo de oro. Salomón lo tomó entre los dedos y lo examinó con incredulidad. Entonces leyó las palabras que estaban grabadas en la joya: «Todo pasa, nada dura», decía. De inmediato, al rey se le ensombreció el semblante.[6] Se quedó callado por un momento, con la mirada perdida en la lejanía.

—¿Qué os sucede, Majestad? —le preguntó Bernabé.

—Que acabo de comprender que algún día he de perder todo lo que tengo —respondió Salomón—. Mis riquezas pasarán a otras manos, mis jardines se secarán, las mujeres hermosas de mi reino se harán viejas y mis amigos cerrarán sus ojos para

4 **trastienda:** habitación que queda tras la tienda.

5 **compungida:** muy triste.

6 **semblante:** cara.

siempre. Algún día, mi querido Bernabé, habrá otro rey sentado en este trono que ahora ocupo…

Tras decir esto, Salomón permaneció en silencio durante unos instantes, con la vista clavada en el suelo. Luego, levantó la mirada hacia Bernabé y dijo:

—Una vez más, has demostrado ser un hombre sabio y leal. Acabas de darme una espléndida lección que te agradezco con toda mi alma.

Bernabé, en efecto, había triunfado. El anillo de oro que le había llevado a Salomón volvía triste al hombre alegre y alegre al hombre triste, porque enseñaba una gran verdad que unas veces nos duele y otras nos calma. A un hombre alegre, sabio y rico como Salomón le recordaba que su felicidad, bienestar y riquezas eran pasajeras y acabarían con la muerte. En cambio, a un hombre triste y abrumado por el dolor y la pobreza le alegraría saber que tanto sufrimiento se aliviaría con el paso del tiempo y tendría fin con la llegada de la muerte.

actividades

cuentos hebreos

El grano de granada

1 El zapatero de este cuento es tan pobre que no puede alimentar a su familia. ¿Qué decide hacer cuando se encuentra ante una panadería? ¿Qué desgracia le trae su ocurrencia?

2 Tras hacerse casualmente con una granada, el zapatero logra convencer a los guardias para que lo conduzcan ante el sultán. ¿Qué afirma poseer el protagonista y qué propiedades mágicas le atribuye?

3 Finalmente, el zapatero consigue salvar su vida y regresar felizmente a su casa. ¿Por qué razón no es ajusticiado? ¿Qué recompensa obtiene por su astucia?

4 Marca con una cruz los adjetivos que le aplicarías al **protagonista** de este relato:

☐ ingenioso	☐ malvado	☐ trabajador
☐ pobre	☐ honrado	☐ avaricioso

5 Algunos personajes de este cuento no se comportaron adecuadamente en algún momento de su vida. En el pasado, ¿qué **errores** cometieron, respectivamente, el **gran visir**, el **tesorero real** y el **sultán**? ¿Qué conducta de esos tres personajes te parece más censurable?

6 ¿Crees que el **zapatero** comete un error tan grave como el que cometieron cada uno de esos tres personajes? Al final

del cuento, ¿obtiene el zapatero lo que se merece? Discute la respuesta con tus compañeros y compañeras.

La copa sin copita

1 El pícaro Hershele de Ostropol acude un día a casa del tendero Yankel en busca de ayuda. ¿Se la presta Yankel?

2 Hershele se propone darle una lección a Yankel y regresa a casa del tendero. ¿Qué le pide Hershele para el *sabbat* y qué le devuelve más adelante? ¿Y en la segunda ocasión? ¿Cómo justifica el pícaro los objetos de más que le entrega?

3 La tercera vez, ¿qué le presta el confiado Yankel a Hershele? Cuando el tendero va a casa del pícaro para reclamarle lo que es suyo, ¿qué le cuenta Hershele con toda seriedad?

4 Yankel aprende una **buena lección**: ¿en qué consiste? ¿Qué hace para no olvidarla jamás? ¿Sigue siendo igual de tacaño?

5 Hershele de Ostropol es un personaje **histórico**, originario de la actual Ucrania, al que se atribuyen muchas anécdotas ficticias. Consulta en internet más datos sobre este curioso personaje y algunas de las anécdotas que supuestamente protagonizó.

El viento y la harina

1 ¿Qué generosa costumbre tiene la protagonista de este cuento? ¿Por qué motivo se queda un día sin pan para sus hijos?

2 Cuando pierde el saco de harina, ¿adónde acude en busca de ayuda y a quién se le ocurre denunciar?

3 En ese momento, ¿quiénes llegan al palacio y con qué intención? ¿Qué les ha sucedido?

4 ¿Qué importante enseñanza aprende la mujer de labios del rey Salomón?

5 Rebeca recibe un merecido premio por su conducta. Haz una **lista de diez obras** que una mujer tan generosa como la protagonista podría llevar a cabo con la recompensa obtenida.

El precio de un aroma

1 Aarón sale todos los días a pasear por cierta calle de Marrakech. ¿Por qué le encanta esa calle? ¿Con qué se conforma?

2 Un día, un panadero lo acusa de ladrón. ¿Ante quién es conducido el niño? ¿Qué le reclama el panadero?

3 El panadero y Aarón acuden al *hakham*. ¿Cómo resuelve el *hakham* la disputa? ¿En qué consiste el juego de palabras con que remata la sentencia del caso?

4 Califica con dos adjetivos a cada uno de los **tres personajes** de este cuento: el niño, el tendero y el *hakham*.

5 La respuesta del rabino a la absurda reclamación del tendero es sin duda muy **ingeniosa**. ¿Se te ocurre a ti una solución tan ocurrente como la del *hakham* al conflicto de este relato?

Lecciones del sabio feo

1 En el primero de los dos cuentos sobre el rabino Joshua, ¿qué comentario hace la hija del emperador Adriano sobre la sabiduría y el aspecto físico del rabino? ¿Cómo logra Joshua darle un escarmiento y **dos buenas lecciones** a la joven?

2 La sabiduría, nos dice Joshua, no es exclusiva de las personas que han estudiado, y para demostrarlo nos cuenta una anécdota que le sucedió con una niña. ¿Qué enigmática respuesta le dio una niña cuando el rabino le preguntó qué camino tomar para ir a una ciudad? ¿Qué dos enseñanzas aprende el rabino?

3 La **paradoja** es una figura literaria que sirve para expresar ideas opuestas que no se pueden dar a la vez, como la frase de este cuento: "El camino es corto pero largo". Escribe tú ahora una paradoja con las palabras antónimas *joven* y *viejo*, y luego explícala con un cuento breve o una anécdota. Inventa otra paradoja con las palabras opuestas que tú escojas.

4 Joshua nos enseña que se puede aprender de todo el mundo si se tiene la humildad suficiente para ello. **Escribe una anécdota** en la que el rabino Joshua aprenda algo de un mendigo que pide limosna en la puerta de una sinagoga.

el rey de los mendigos

1 ¿Qué dificultad encuentra el rey de este relato para conocer los verdaderos problemas de sus súbditos? ¿Qué estrategia emplea para salvar esa dificultad?

2 Una tarde, el rey es auxiliado por un generoso zapatero remendón que trabaja lo justo para vivir. ¿Quién cree David que le ayudará a resolver los problemas que se le puedan plantear en el futuro, y con qué palabras afirma su fe?

3 El rey pone a prueba la fe del zapatero hasta en cuatro ocasiones. En la primera de ellas, ¿qué prohíbe el rey y cómo resuelve David el apuro en que le pone la prohibición? ¿Y en la segunda? ¿Adónde tiene que acudir el zapatero en la tercera ocasión y para qué? ¿Qué problema se le plantea al joven cuando se queda sin dinero y qué solución encuentra?

4 Cuando el rey le reserva el honor de ejecutar a un condenado a muerte, ¿qué problema se le plantea al joven zapatero? ¿A quién pide ayuda para no cometer una injusticia con el reo? ¿Por qué todos menos el rey y David creen que han asistido a un milagro?

5 Por sus **muchas cualidades**, el **zapatero** obtiene el cargo de consejero del rey. ¿Qué cualidades le inducen a invitar al falso mendigo, a trabajar sólo lo necesario para vivir con sencillez, a confiar en Dios, a aceptar el adverso destino y a no ejecutar a un reo? En tu opinión, ¿tiene David la suerte que se merece?

6 Del **rey** se nos dice que es "justo y de gran corazón". ¿Cómo demuestra el cuidado que le inspiran sus súbditos y el acierto con que elige a sus colaboradores?

El recuerdo

1 En el país de este cuento, ¿por qué método se elige al sucesor del rey fallecido? Ante la sorpresa de todos, ¿a quién escogen?

2 El nuevo rey ordena que le construyan una cabaña, y la visita a diario. ¿Qué conserva dentro de la cabaña y con qué finalidad?

3 La **forma de elegir rey** en este relato puede parecer arbitraria, pero esconde cierto simbolismo. ¿Qué nombre recibe el pájaro que interviene en la elección? ¿Por qué crees que el pájaro escoge precisamente a un bufón? ¿Sabes cómo se suele representar al Espíritu Santo? ¿Podría tener éste alguna relación con el pájaro que elige al rey? En tal caso, ¿a qué puede atribuirse?

4 En tu opinión, ¿qué **cualidades** crees que debería poseer una persona para convertirse en **rey**? ¿Cómo la elegirías tú?

Los higos

1 En «Los higos», ¿por qué el emperador se sorprende de que un anciano esté plantando un árbol? ¿Qué le contesta el anciano? ¿Y qué le pide el emperador para cuando dé fruto su árbol?

2 Años más tarde, el anciano acude a palacio y le hace un regalo al emperador. ¿Qué opina del obsequio el emperador y cómo recompensa éste al protagonista?

3 A la vecina del anciano se le ocurre una idea para enriquecerse fácilmente. ¿Qué idea le viene a la cabeza? ¿Cómo reacciona el emperador ante la demanda del marido de la vecina? ¿Con qué divertida ocurrencia del marido se cierra el cuento?

4 En este relato se contrastan la **virtud** de un personaje y el **vicio** de otros. ¿Qué virtud posee el anciano y de qué modos la demuestra? ¿Qué grave defecto tienen los vecinos? ¿Qué distinta suerte reserva el narrador a uno y a otros?

La mitad de la manta

1 Un anciano mercader decide entregar a su hijo todas sus posesiones. ¿Cómo reacciona el hijo al principio? ¿Y pasado el tiempo? ¿En qué situación deja a su anciano padre?

2 Pasado el tiempo, el anciano se acerca a su antigua casa y le pide al nieto una manta para abrigarse. ¿Conoce el niño a su abuelo? ¿Qué decide hacer el niño y por qué? ¿Cómo reacciona el padre? ¿Por qué crees que el padre cambia de actitud?

3 Este cuento nos habla de la importancia del **amor**, la **generosidad** y el **respeto** en la **familia**. ¿Cómo calificarías la actitud del mercader con su hijo cuando el anciano decide jubilarse? ¿Y la del hijo con el padre? ¿Qué valor tradicional de las personas mayores y qué virtud del padre es incapaz de apreciar el hijo? Al final del cuento, ¿con qué hábito diario afianzan abuelo y nieto la importancia de la **tradición**?

4 En general, ¿crees que los padres se desviven por sus hijos? Si lo piensas así, ¿de qué multitud de maneras lo hacen? ¿Se ocupan de igual modo los hijos por sus padres cuando estos envejecen? Haz una lista de cosas que los hijos pueden hacer por sus ancianos padres.

La jaula de oro

1 Una princesa se encapricha de un hermoso pájaro y ordena que lo apresen y lo encierren en una jaula de oro. ¿Cómo es tratado el pajarillo? A pesar de ello, ¿cómo se siente el ave? ¿Por qué? ¿Qué le pide al príncipe cuando éste va a salir de viaje?

2 El príncipe cumple con el encargo y, sin saberlo, trae al ave un mensaje de su pariente. ¿Qué interpreta el pájaro que debe hacer?

3 En este cuento se censura el comportamiento de la princesa y se elogia el del pájaro. ¿Cómo calificarías la **actitud de la princesa** cuando ordena apresar al pájaro? ¿Merece un pájaro, por hermoso que sea, las atenciones que la princesa le dispensa?

4 Por otra parte, ¿valora el **pájaro** el lujo en que vive y las atenciones que recibe? ¿Qué es lo que más desea en el mundo?

5 ¿Crees tú también que la **libertad** es tan importante? ¿Preferirías tú asimismo no disfrutar de comodidades pero gozar en cambio de la libertad? Haz una lista de cosas que puedes hacer en una sociedad con libertades y que no podrías hacer en un país que carece de libertades.

La ciudad de los tontos

1 **Chelm** es conocida como "la ciudad de los tontos". ¿Por qué todos sus habitantes tienen tan poca inteligencia?

2 Cierto día, los chelmitas leen en el Talmud la historia de la creación del sol y la luna. ¿Cómo eran al principio ambos astros? ¿De qué se queja la luna? ¿Cómo resuelve Dios el problema?

3 Tras leer esta historia, ¿qué empiezan a debatir los habitantes de Chelm? ¿Qué acciones disparatadas llevan a cabo a partir de ese momento? ¿Con qué ridículas excusas reanudan de continuo las discusiones?

4 Cansados del debate, ¿cómo deciden los más viejos que debe concluir el enfrentamiento? Al final, ¿qué les parece a los chelmitas más importante, la luna o el sol? ¿Te parece lógica la razón que aducen? ¿Por qué?

5 A menudo, las personas (no sólo los chelmitas) debaten sobre distintos **asuntos opinables** sin llegar a ningún acuerdo, como por ejemplo, si es mejor comer carne o pescado, el fútbol o el baloncesto, el verano o el invierno, el campo o la ciudad. Formad dos grupos en clase, elegid uno de estos tópicos y debatid sobre él aportando toda clase de argumentos... hasta alcanzar una conclusión "chelmita".

6 La tradición de cuentos hebreos sobre los tontos de Chelm se remonta al siglo XIX y es riquísima. Para comprobar si has asimilado la lógica de los chelmitas, vamos a narrarte el principio de uno de estos cuentos... y tú habrás de imaginar el desenlace:

«En la ciudad de Chelm decidieron construir una sinagoga, y con ese propósito, varios hombres fornidos subieron a la cima de la montaña más próxima para conseguir piedras con que construir el edificio. Los hombres cargaron con las piedras a las espaldas y las acarrearon trabajosamente hasta el fondo del valle, donde estaba la ciudad. Al llegar a Chelm, el alcalde les dijo: "¡Mira que sois idiotas! ¡Deberíais haber dejado rodar las piedras desde la cima hasta el pueblo!". Los hombres pensaron que aquélla era una excelente idea y...»

¿Y qué crees que decidieron hacer?

una cartera llena de relojes

1 El joven Miguel es asaltado por un bandido en el camino de regreso a casa. ¿Qué le roba el salteador al muchacho?

2 Preocupado por las consecuencias del robo, Miguel le urde una trampa al ladrón. ¿En qué consiste?

3 ¿Cuál es principal **valor** o virtud que se propone en «Una cartera llena de relojes»?

El brillante y la rosa

1 Un estudiante pregunta un día al *maguid* de Dubno qué puede hacer para corregir sus muchos defectos, y, para instruirlo, el *maguid* le explica un breve relato. ¿Qué historia le cuenta el religioso al estudiante, y qué relación tiene con el problema que le plantea?

2 Todos tenemos **defectos** y virtudes, ¿pero crees, como opina el *maguid*, que podemos transformar un defecto en algo provechoso para nosotros y para los demás? Para responder, piensa en dos defectos concretos, y explica cómo podrían transformarse en algo positivo para todos.

3 El estudiante busca el consejo de alguien que considera más sabio que él. ¿Crees que es de utilidad atender a los **consejos de personas más sabias** o con más experiencia? ¿Lo has hecho tú alguna vez? Si así es, ¿te han resultado útiles sus consejos?

Todo pasa, nada dura

1 Molesto porque pierde una partida de ajedrez, el rey Salomón le juega una mala pasada a su consejero Bernabé. ¿Qué le manda buscar y con qué intención?

2 A punto de desistir de su empeño, Bernabé encuentra al fin lo que buscaba: ¿de qué se trata? ¿Cómo reacciona el rey al leer el texto grabado en el objeto?

3 Explica con tus palabras la **enseñanza** que se deriva de esa sentencia o máxima. ¿Por qué entristece al feliz y alegra al triste? Y lo más importante, ¿de qué modo crees que esa idea debe afectar nuestra **actitud ante la vida**?

Temas de los cuentos

1 Los cuentos del folclore hebreo a menudo describen situaciones en que se denuncian los **vicios** y defectos humanos y se elogian sus virtudes. ¿De qué modo ejemplifican la **codicia** Yankel en «La copa sin copita», el panadero en «El precio de un aroma» y el vecino del protagonista en «Los higos»? ¿Qué diferente castigo recibe cada uno de ellos por su defecto?

2 ¿Qué otros defectos censura el narrador en el hijo de «La mitad de la manta» y en la hija de Adriano en «Lecciones del sabio feo»? ¿Qué enseñanzas han de aprender estos personajes?

3 Pero como su propósito es el entretenimiento y la instrucción moral, el autor pone más énfasis en las **virtudes** que han de ser imitadas que en los vicios que deben ser repudiados. ¿Cómo muestran su **generosidad** Rebeca en «El viento y la harina», el zapatero remendón de «El rey de los mendigos» y el anciano de «Los higos»? ¿De qué modo se premia su conducta?

4 La **inteligencia**, la **astucia** y el **ingenio** son valores muy apreciados en toda la cuentística universal porque suelen despertar la admiración de los lectores. ¿De qué modo evidencian alguna de estas cualidades el zapatero de «El grano de granada», el pájaro de «La jaula de oro», el *hakham* de «El precio de un aroma», el aprendiz de «Una cartera llena de relojes» y el zapatero remendón de «El rey de los mendigos»? De todos estos personajes, ¿cuál te parece el más inteligente? ¿Y el más ingenioso?

5 Habrás observado que muchos cuentos de esta selección están ambientados en **países muy distintos**. ¿Dónde transcurren los relatos «El precio de un aroma» y «El rey de los mendigos»? ¿Y «El viento y la harina»? ¿En qué país parece situarse

Chelm, la ciudad de los tontos? ¿De dónde era originario Hershele de Ostropol? ¿Dónde se encuentra la ciudad de Dubno, de donde es originario el protagonista de «El brillante y la rosa»?

6 Esta variedad de marcos geográficos se debe a que, desde tiempos muy antiguos, el pueblo hebreo se vio obligado a **emigrar** de su tierra natal y dispersarse por todo el mundo. Averigua las causas por las que, a lo largo del tiempo, se produjo esta dispersión o **diáspora**.

7 El pueblo judío no sólo fue obligado a dispersarse por el mundo sino que a menudo fue perseguido y confinado en barrios especiales a los que se denominó *guetos*, tal y como queda reflejado en el cuento «El precio de un aroma» (p. 26). Averigua en qué épocas y lugares se produjeron estas persecuciones. ¿Qué motivos se aducían para aislar a los judíos en un barrio que a menudo amurallaban?

CUCAÑA

Últimos títulos publicados

19. Anónimo
Simbad el marino
Adaptación de Agustín Sánchez
Ilustraciones de Amélie Veaux

20. Daniel Defoe
Robinson Crusoe
Adaptación de Eduardo Alonso
Ilustraciones de Robert Ingpen

21. Eduardo Soler
Atina y adivina
Ilustraciones de N. López Vigil

22. Victor Hugo
El jorobado de Notre Dame
Adaptación de Miguel Tristán
Ilustraciones de A. Urdiales

23. Jerry Pinkney
Fábulas de Esopo
Ilustraciones de Jerry Pinkney

24. Hugh Lupton
La voz de los sueños y otros cuentos prodigiosos
Ilustraciones de Niamh Sharkey

25. Charles Dickens
Cuento de Navidad
Adaptación de P. Antón Pascual
Ilustraciones de C. Birmingham

26. Horacio Quiroga
El devorador de hombres
Ilustraciones de François Roca

27. Steven Zorn
Relatos de monstruos
Ilustraciones de John Bradley

28. Rudyard Kipling
Los perros rojos
El ankus del rey
Ilustraciones de Francisco Solé

29. Miguel de Cervantes
Don Quijote
Adaptación de Agustín Sánchez
Ilustraciones de Svetlin

30. Brendan Behan
El príncipe y el gigante
Ilustraciones de P. J. Lynch

31. H. C. Andersen
El ruiseñor y otros cuentos
Ilustraciones de C. Birmingham

32. Juan Ramón Jiménez
Estampas de *Platero y yo*
Selección de J. R. Torregrosa
Ilustraciones de Jesús Gabán

33. G. A. Bürger
Las aventuras del barón de Munchausen
Adaptación de Eduardo Murias
Ilustraciones de Svetlin

34. Jonathan Swift
Los viajes de Gulliver
Adaptación de Martin Jenkins
Ilustraciones de Chris Riddell

35. Charles Dickens
Oliver Twist
Adaptación de Pablo Antón
Ilustraciones de C. Birmingham

36. Juan Ramón Jiménez
El iris mágico. Antología lírica
Selección de J. R. Torregrosa
Ilustraciones de Jesús Gabán

37. Mino Milani
Un ángel, probablemente
Ilustraciones de G. de Conno

38. Rudyard Kipling
Kim
Adaptación de Eduardo Alonso
Ilustraciones de F. Solé y F. del Amo

39. Agustín Sánchez Aguilar
La leyenda del Cid
Ilustraciones de Jesús Gabán

40. Walter Scott
Ivanhoe
Adaptación de Manuel Broncano
Ilustraciones de John Rush

41. Jules Verne
Miguel Strogoff
Adaptación de J.M. Pérez Zúñiga
Ilustraciones de Javier Serrano

42. Joanot Martorell
Tirante el Blanco
Adaptación de Ismael Torres
Ilustraciones de Jesús Gabán

43. Colin McNaughton
Jolly Roger
Ilustraciones de C. McNaughton

44. Maria Angelidou
Mitos griegos
Ilustraciones de Svetlin

45. Carlo Collodi
Pinocho
Adaptación de Agustín Sánchez
Ilustraciones de Robert Ingpen

46. Charles Dickens
Historia de dos ciudades
Adaptación de J. R. Torregrosa
Ilustraciones de Victor Ambrus

47. Miguel Hernández
Corazón alado Antología poética
Selección de J. R. Torregrosa
Ilustraciones de Jesús Gabán

48. J. M. Barrie
Peter Pan
Adaptación de Agustín Sánchez
Ilustraciones de Robert Ingpen